はじめに

明治維新から一五〇年にあたる二〇一八（平成三〇）年、全国各地で節目を祝い、またその意味を考える機会がもたれました。山形県鶴岡市もそのひとつであり、この年のNHK大河ドラマ「西郷《せご》どん」とも相まって、主人公西郷隆盛と、旧庄内藩中老にして鶴岡の近代化に大きく寄与した菅実秀《すげさねひで》との「徳の交わり」に由来する縁がクローズアップされました。この年は、あらためて鶴岡という街のたどった歴史に光をあてるものであったといえます。

本書は、二〇一八（平成三〇）年三月に刊行した『人と建物がつむぐ街の記憶―山形県鶴岡市を訪ねて（1）―』の続編にあたります。今回取り上げているのは、鶴岡市の「歴史的風致維持向上計画」のなかの重点地区「鶴岡公園とその周辺地区」の上肴町界隈、銀座商店街界隈と、隣接する鶴岡山王商店街の一一の建物、および郊外の重点地区「羽黒松ヶ岡地区」の松ヶ岡開墾場を加えた一二件になりま
岡市の中心部にあたる「鶴岡公園とその周辺地区」と内川を境に接する鶴岡山王商店街にもまた趣のある建物と物語があり、鶴岡の街の歴史の奥行きの深さを、私たちはあらためて実感することになりました。

と同様に、私たちは近代化や災害によって多くの古い建物が失われるなかで、地道な努力によって
まで維持されてきた建物を通して人びとの思いをくみ取り、この街のあゆみをたどろうとしてい
建物とともに生きてきた人びとの人生を通して、建物や街並みの「記憶的価値」を探り、それら

を記録することに、私たちの使命があると考えています。そして数々の人生や家族、地域や街をめぐる物語に耳を傾け、それらを共有し、継承することを本書は目指しています。

本書のタイトルは、『人と建物がひらく街の記憶』となっています。「記憶をひらく」という表現は、本来日本語の表現としてはなじまないものかもしれません。しかしながら、「ひらく」ということばには、陸路や水運によって他の都市へと「開かれた」入口としての商店街、束の間日常生活を忘れ、心を「開いて」楽しいひとときを過ごす場所、新しいものを取り入れて文明「開化」のさきがけをなす人びと、しばらく閉ざされていた扉が「開かれて」新たな息吹が感じられる建物、そして明治維新によって職を失った武士たちによって「拓かれた」土地、といったもののイメージをそれぞれ込めています。

私たちは、弘前大学教育学部の社会調査実習の一環として鶴岡市を訪れました。多くの学生たちにとって、鶴岡という街は訪れたことのない場所であり、そこで出会った皆様は、彼ら彼女らに新鮮な刺激を与えてくださいました。私たちが暮らす弘前市から見て、鶴岡市は遠いようで近く、近いようで遠い、そんな感覚の街のようです。調査を通じて、街を歩きながら、自然と鶴岡と弘前の街を比べている、そしてそれぞれのよさを感じ取る。そうして二つの城下町は結びつきをもっていくように感じます。

本書をまとめるにあたっては、社会調査実習の成果報告書をもとにし、学生たちの感覚をできるだけ活かすように心がけました。したがって、その記述は、あくまでも弘前の大学生の目線からのものとなっており、各章のタイトルも、執筆担当者が感じた印象から付けたものをそのまま用いるようにしました。ただし書籍化にあたっては、適宜加筆修正や写真資料の追加などを行っており、叙述の誤りなどの責はすべて編者に帰するものであります。

引き続き歴史ある街を訪ね歩く機会をいただいた私たちのささやかな取り組みが、人びとの記憶を記録すると同時に、本書を手に取ってくださった方々の記憶を喚起するものとなれば幸いです。

執筆分担（五十音順）

木村　匡佑　第一章・第五章
工藤　真理　第三章
小嶋　このみ　第八章・第十一章
佐藤　桃奈　第二章・第十二章
下久保　拓人　第九章・第十章
髙橋　太一　第四章
髙瀬　雅弘（編者）　はじめに・第六章・第七章・第十章（追補）・第十二章（追補）・おわりに

※資料中の旧漢字は適宜新漢字に改めている。ただし、ひらがなについては原則として資料の旧かなづかいをそのまま用いている。

※本文中における建物等の現状に関する記述は、調査時点（二〇一五～一八年）で確認された状況に基づいている。ただし、追加調査等を行ったものについては、適宜情報の更新・補足を行っている。

※本文中の写真のなかで説明のないものは、編者または各章の執筆者の撮影によるものである。古写真についても出典・所蔵が明記されていないものは編者が所蔵するものである。

※写真の出典表記のなかで★が付いているものは、鶴岡市郷土資料館の所蔵するものである（表記の煩雑さを回避するため、お許しをいただいて略記号による表記とした）。

目次

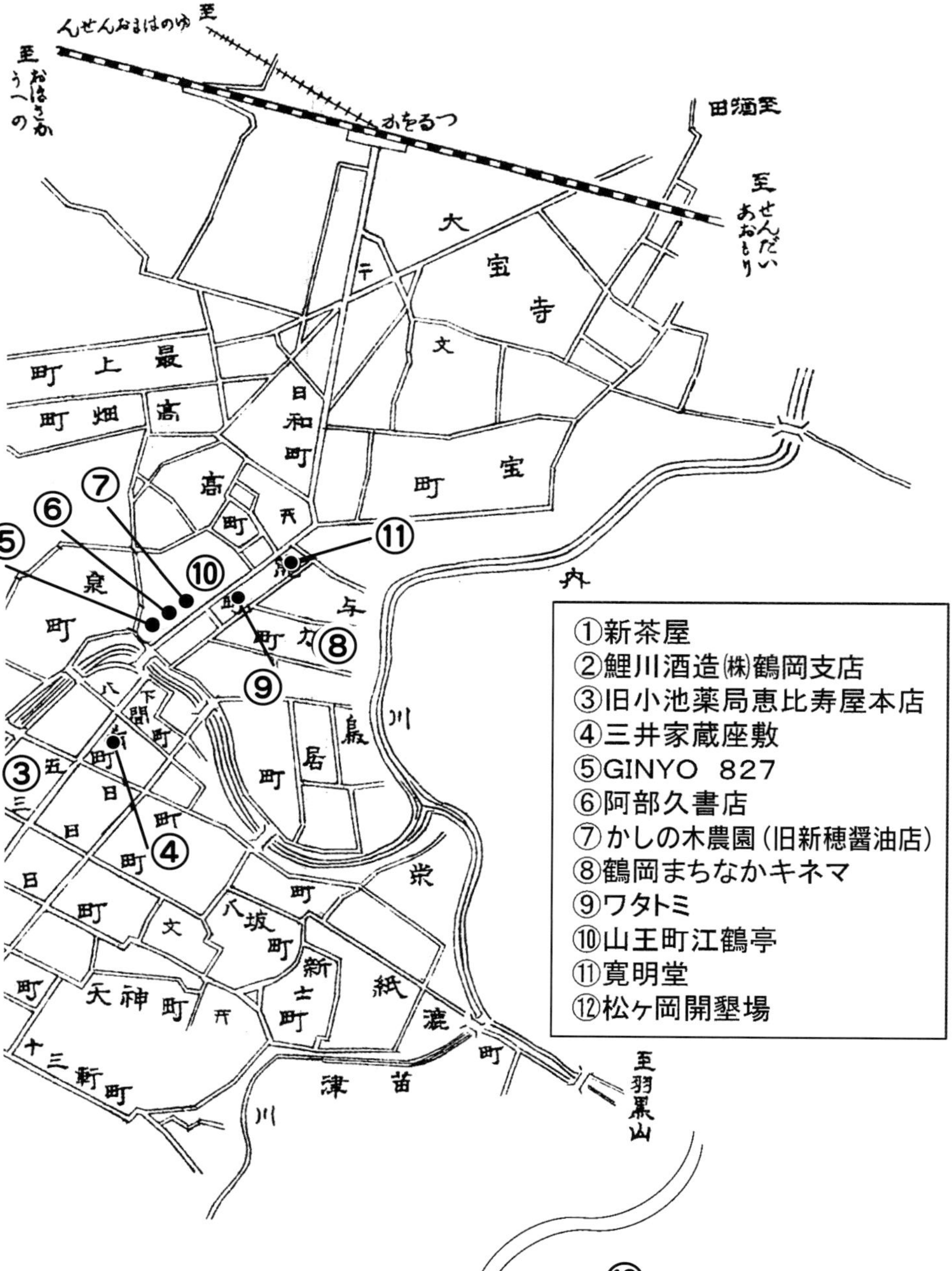

『鶴岡市案内』（1933（昭和８）年）の地図をもとに作成

鶴岡市畧圖

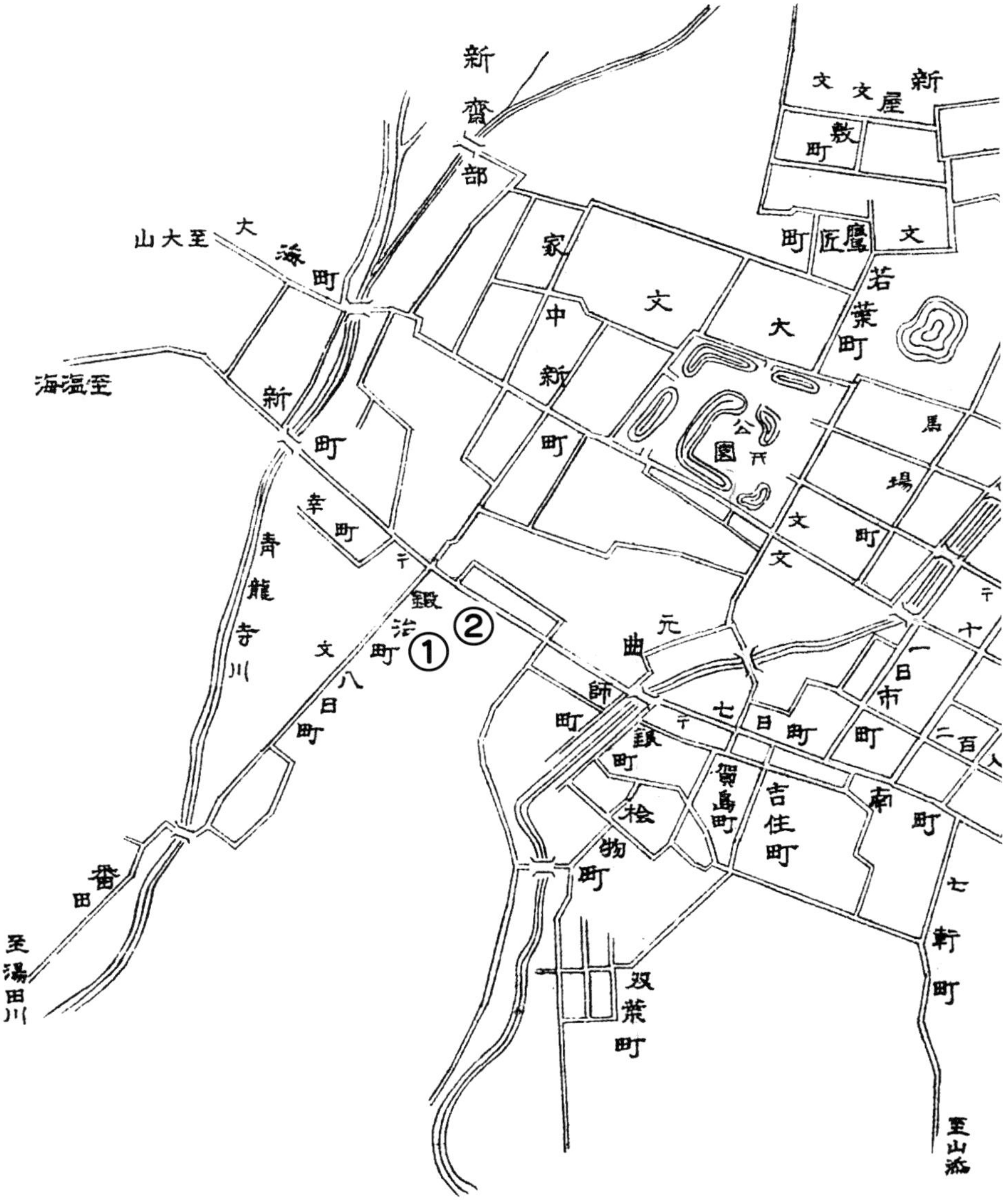

新齋部
至大山
大海町
至温海
新町
幸町
青龍寺川
鍛冶町
文
八日町
番田
至湯田川
①
②
家中新町
文
大
公園
新屋敷町
文
文
鷹匠町
文
若葉町
馬場町
文
文
元曲師町
七日町
鍛町
檜物町
賀島町
吉住町
一日市町
南町
十
二百人
七軒町
双葉町
至山添

第一章　鶴岡の歴史と文化を語る料亭

―新茶屋―

一　目の前に広がる絶景

　鶴岡から温海方面への街道沿いにある旧町名・上肴町。界隈には、鯉川酒造㈱鶴岡支店（第二章で紹介している）といった、歴史を感じさせる建物が残る。そこでは大きな看板が目に留まる。「新茶屋」と書いてある。通りから少し奥まったところに建物の入口がある。ここが鶴岡を代表する老舗料亭、新茶屋である。

　通りの側から眺めると、一見特別な建物のようには見えない。しかしその印象は、建物のなかを、そして二階の窓からの景色を眺めると一変する。目の前には美しく手入れされた庭園があり、その向こう側にははるか金峯山を望む絶景が広がる。まるで異世界にでもきたような、心を震わせる景色がそこにはあった。美しく整えられた松、青竜寺川から引いた水によって作られた池。私たちが訪れたのは昼間の時間だったが、池に映った月を眺めながら食事をいただく、というのもさぞかし素敵だろう。そんなことを考えてしまう魅力が新茶屋にはある。

　木造総二階建ての建物は、横に長く、大広間を端から端まで見渡すと、想像以上に遠く感じる。しかも途中には柱がない。それだけ丈夫な造りとなっているのだろう。簡素なようでいて、よく目を凝らしてみると、欄間や床の間の造作は実に手が込んでおり、作った人のこだわりや技を感じることができる。この建物を建てたのは、小林昌徳、吉住金作、中村米治、山師七五郎といった、明治から大正期の鶴岡を代表する名大工たちである。装飾や細工には、わざわざ京都から職人を呼んだそうで、この建物がいかに手をかけて建てられたかが分かる。

　この新茶屋本館が建てられたのは一九〇六（明治三九）年。すでに築一一〇年を超える建物である。料亭の仕事は代々受け継がれて、現在は一〇代目の渡部《わたべ》政一さんが社長さん（ご主人）である。長年にわたる、ここに集った人びととの思い出と、お仕事や建物、そして鶴岡という街への思いについてうかがった。

二　新茶屋のあゆみ

　「常盤楼」という屋号（この名は本館に隣接する洋風別館「ときわ」に受け継がれている）をもち、料亭としての歴史を重ねてきた新茶屋であるが、もともとは料亭ではなかった。江戸時代に開業した当時（安永年間（一七七二〜一七八〇年）と伝わる）は、魚屋として商売をしていた。文政二（一八一九）年の上肴町を描いた絵図には「惣兵衛名子　肴や　多吉」という記載があるとのことだ。渡部家の当主は、代々多吉を名乗っていたそうで、この多吉という人物が渡部さんのご先祖であることがわかる。その場所は同じ上肴町だが、玄関の前を流れる川（澤田堰）をはさんで向こう側にあった。このあたりまでは鶴岡の城下町ということもあって、武家屋敷や家老の屋敷も近くにあった。そして湯野浜、加茂、鼠ヶ関といったあたりで水揚げされた魚が集まってきて、それを売る場所がここであった。上方に近いほうが上肴町、遠いほうが下肴町となった。

料亭を始めたのは、五代目のときのことである。明治維新の際、朝岡助九郎という人物が渡部さんのご先祖に現在の場所を売り渡した。朝岡は庄内藩の家老で、ここはその下屋敷であったが、そこに建物を建てて、営業を始めた。現在にまで残る庭園は、この下屋敷の名残である。池泉回遊式の庭園で、致道博物館にある旧酒井家庭園とも似た造りになっており、かつての武家屋敷の面影を今に伝えている。

写真 1-1　魚の行商をする女性たち
1917（大正６）年の絵葉書

かねてから新鮮な魚が集まってくるこの界隈は、料理屋を開くにも格好の場所であった。大量に仕入れて大量に消費する、そうした需要も見越してのことだったのだろう。

新茶屋が開業した一九〇五（明治三八）年は、日露戦争が終わり、日本が戦勝景気に沸いていたときである。鶴岡でも好景気を受けて大きな宴会が行われるようになり、大人数を収容できるような料理屋にしようと現在の建物を建てた。料亭としてだけでなく、宴会や旅館としての営業も始めた。まだ鉄道の羽越線が全通しておらず、馬車で旅をするのが主流ということもあって、旅館としてのニーズもあっ

写真 1-2　池泉回遊式の新茶屋庭園

写真 1-4　広間に沿った１階廊下

写真 1-3　玄関から大広間・庭園方向を見る

写真 1-6　欄間の透かし彫り

写真 1-5　１階大広間

写真 1-7　漆喰の壁をくり抜いた装飾

写真 1-9　２階への階段

写真 1-8　１階広間東側の床の間

たようだ。総建築費は当時の金額で五、〇〇〇円。今の金額に換算すると、およそ一億円くらいだろうか。それでも景気がよかったおかげで借金は何年も経たないうちに返済できたという。

　大正時代には、東側の部分に二階建ての建物を増築している。当初の建物だけではお客さんを収容できなくなったということだろうか。その後、第二次世界大戦中には休業を余儀なくされたが、戦後一九五四（昭和二九）年に再開する。

　建物に大きな影響を与えたのが、一九六四（昭和三九）年の新潟地震である。当時渡部さんは中学生だったが、

写真 1-10　2階広間から庭園側を見る

写真 1-11　精巧な透かし彫りと美しい組子細工が印象的な障子

写真 1-12　複雑な組子の障子の上には犬養毅（木堂）の書が飾られている

写真 1-13　2階の小座敷

写真 1-14　2階廊下の梁の上には山をあしらった装飾が見られる

ガラス戸がガタガタと大きな音を立て、揺れも大変なものだった。この地震で建物に歪みが生じ、二階部分には傾きが出て、修繕したものの、完全には直りきらなかったそうだ。そうした被害を受けつつも、建物自体はほとんど変わることなく今日に至っている。

三　多くの人に愛されて

料亭としてもゆうに一〇〇年を超える歴史をもつ新茶屋は、数多くの人びとに愛されてきた。ここを訪れた人のなかには、私たちが日本史の教科書で目にするような著名人も含まれている。副島種臣、犬養毅、後藤新平といった政治家たちである。なかでも旧佐賀藩士で、明治維新後は第三代外務卿、第四代内務大臣を歴任した副島種臣は、「明治の書聖」といわれるほどの書の達人でもあった。一八九一（明治二四）年に新茶屋に逗留した際、当

写真 1-15　副島種臣が書いた「鹿鳴」

写真 1-16　後藤新平の書

時のご主人の丁重なもてなしに大変感銘を受け、「余、慈の楼に寓するは数日。主人の慇懃を謝す。すなわち、此の語を書して、ここに為す」と添え書きされた「鹿鳴」の書と双幅を書いた。この書は現在も二階広間に飾られており、新茶屋に感激した書聖の思いを今日に伝えている。犬養毅や後藤新平がしたためた書の扁額も見ることができる。

鶴岡市役所の方が国からくる政治家や役人をもてなす際には、必ずといっていいほど新茶屋で宴会が催された。楽しくお酒を飲んで、羽目を外した著名な人びとのエピソードも伝わっている。

渡部さんの印象に残っている宴会の思い出として、荒沢ダム（一九五五（昭和三〇）年一二月完成）の工事が行われていたころの会合がある。現場を管理するような立場の人が、様々な方面の人びとと会合を開いていた。そのときの余興というのがすこぶる豪華

写真 1-17　大正時代　新茶屋に集まった人びと
★

写真 1-18　新茶屋で撮影された鶴岡南北両町の芸者たち
（1909（明治 42）年）
『目で見る鶴岡百年　中巻』

で、夜は三味線や太鼓の音で寝ることができないくらいだった。地元の旦那衆たちが宴会を開くのも新茶屋だった。三味線や太鼓を奏でる芸者さんたちは、昭和のはじめごろには一〇〇人くらいいた。新茶屋の庭園で撮影された芸者さんたちの写真も多く残っている。それこそ現代風にいえば、この庭園は「インスタ映え」するところだったのだろう。

　内川を渡った七日町は花街であった。まず新茶屋で大きい宴会をして、その流れで七日町に行く、といったお客さんの動きがかつてはあった。七日町の待合などに新茶屋から料理を提供することもあったようだ。

　新茶屋は開業して間もないころから評判を集めていたようである。『鶴岡市史　下巻』に引用されている、一九〇五（明治三八）年刊行の『荘内案内記』の新茶屋の記述は次のようなものであった。

新茶屋（上肴町）　数里の沃野を隔てて金峯山に面し風色絶佳なり。苑内嘉樹を植へ池中の金鱗花片を喞んで時に溌剌の声を挙ぐる抔太た趣致に富む階上階下一百人を容るるに足る蓋し鶴岡第一の割烹店たり。

　一九三三（昭和八）年に刊行された『鶴岡市案内』という書物を見ると、新茶屋は市内の料理店の最初に、次のような形で紹介されている。

◆新茶屋（上肴町）　常盤楼と云ふ、建築も大きく、設備も完全、市内第一である、大小の宴会は大抵此楼でやるが料理も悪くはない、眺望は又金峯山を杯に入れるやう、庭園に取入れ、出羽三山指呼の間にあつて、四時とりどりの眺めがよい。

これらを見ると、早くから「鶴岡第一」、「市内第一」という評価が定着していたことがわかる。

明治から大正、昭和のはじめごろまでは、新茶屋のお客さんは男性ばかりであった。ゆえに建物じたいも男の人向けの造りであり、かつては女性用のトイレも設けられていなかったという。

しかし時代の変化とともに、新茶屋の利用のされ方も変わってきた。結婚式を挙げることができるようになり、子どもの誕生、還暦や米寿のお祝いをする際に新茶屋で、というお客さんも増えてきた。また、新茶屋の周囲にはお寺がたくさんあり、今日では法事の後に新茶屋でお食事をされる方も多い。

そうした背景から、昔宴会で利用したことがある人、人生の節目節目を迎えた人が再び訪問して、その当時を懐かしむといったこともしばしばある。新茶屋で二〇歳のときに結婚式を挙げた人が、五〇年後にもお店が続いてい

写真 1-19　2階広間西側の床の間
新茶屋で「御美屋景」として配られていた絵葉書

写真 1-20　2階広間西側の床の間の現在の姿
当時の趣は少しも損なわれていない

ることを喜んでくれたりする。そのときには当時のことを思い出し、ここに座った、こういうことをしたという話が出てくる。なかには自分のお葬式の後の会食は新茶屋でするように、と遺言する人もいるそうだ。こうしたことは、長く商売をしていないとありえないことであろう。

お客さんの希望に合わせた対応をするようにしたところもある。新茶屋の料理をいただきたい、だが高齢になって、お座敷に座るのは難しいという人も増えてきた。そこで今は椅子やテーブルも置くようになった。それでも訪れた人は、昔と変わらない、自分のイメージそのままだ、と喜んでくれる。

現在の新茶屋は、鶴岡の人びとにとって、まさに人生の始まりから終わりまでのそのときどきに寄り添えるような、そんな存在のお店になっている。人生の節目となるような出来事は、日常とは違うものである。それゆえに一

層人びとの記憶に残るのかもしれない。渡部さんは、普通の商売は五〇年がひと区切りだという。その区切りを二つ重ねて新茶屋は今日に至っている。時代の移り変わりのなかでも変わらずにしっかりと残っていることが、人びとに愛される理由なのだろう。

写真 1-21　かつての新茶屋２階からの金峯山の眺め
周囲は一面田んぼだったことがわかる
★

四　新茶屋のシンボル

新茶屋の魅力は、単に趣のある建物だけにとどまらない。四季折々に合わせた見た目にも美しくおいしい料理が、訪れる人びとを魅了してきた。そのどれもが新茶屋の名物といえるのだが、なかでも広く知られているのが「新茶屋玉子焼」である。いつごろから

写真 1-22　現在の新茶屋２階からを金峯山を望む
木々の成長に時間の流れを感じる

写真 1-23　新茶屋名物の玉子焼
（新茶屋ホームページ）

写真 1-24　新茶屋の看板にも名物の玉子焼が謳われている

始まったのかは定かではないとのことだが、もともとは尺折りという、三〇センチメートル四方ぐらいの折り詰めに、鯛のお頭付きやかまぼこなどと一緒に入れて、結婚式のときなどに出していたものである。昔は囲炉裏に厚い鍋をかけ、銅のふたをして上にも炭を載せ、上下から炭火で四、五時間かけて焼いていたそうだ。現在は、じっくりとふかして、蒸し上げている。いわゆる厚焼き玉子とは違い、火が強くないので、なかに「す」ができることもない。なめらかでプリンのような食感である。渡部さんご自身も、子どものころからすぐそばでその様子を見ながら育った。そしてその味を現在もしっかりと受け継いでいる。

もうひとつの新茶屋のシンボルが、「金峯在杯」である。大広間から庭園越しに見える金峯山。その姿が池に、そしてお酒の杯に映る。それが「金峯在杯」である。一階の大広間には、鶴岡を代表する書家・松平穆堂《ぼくどう》の筆による扁額が掲げられており、出される杯にも金峯山の山景と「金峯在杯」の文字が描かれている。新茶屋を訪れた数多の人が、この四文字からその風景に思いを馳せたことだろう。あちこちから訪れるお客さんの心を、ひとつところにつないでしまうような、不思議な力をもつトレードマークである。

写真 1-25　松平穆堂が書いた看板（「萬亀遊」）

写真 1-27　「金峯在杯」の杯

写真 1-26　松平穆堂の筆による「金峯在杯」の扁額

五　子どものころの思い出

渡部さんご自身は、生まれてから大学での四年間以外をずっと鶴岡で過ごしてきた。それだけに、鶴岡の街の移り変わりも直に見てきた。

現在も、新茶屋の周辺、上肴町には、かつての商店街の姿を伝える古風な建物と街並みがあり、その背後には住宅も多く見られるが、渡部さんが子どものころは、あたり一面が田んぼであり、工業的なものは見受けられなかった。商店街でこそあれ、農家、農家の人たちが文化の雰囲気が強く、農村の仕事を終えてお酒を飲みにくるといったこともよくあった。買い物にくるのも農家の人びとで、農家に依存した街であった。それが渡部さんが中学生のころ、東京オリンピックや新潟地震があったころから、市街地が外に広がって、中心部が空洞化するような状況になった。

写真 1-28　渡部さんにお話をうかがう

かつては子どもの数も多く、子ども会には五〇人近い子どもがいる、そういう時代だった。遊ぶ場所は近所の小路や神社、お寺の境内、そして新茶屋のお店の前や庭園でも遊んでいた。お店の前は、お客さんがくる前には缶蹴りをして遊ぶ場所だった。美しい庭園で遊んでいたというのは、今から思うと非常に贅沢なことのように思える。なかには池に落ちる子どももいたが、当時はそんなこともお構いなしに元気よく遊んでいた。雪の量も今とは比べものにならないほど多かった。平屋の建物の屋根の下まで雪が積もり、屋根からスキーで滑り降りて遊んだこともあったそうだ。

もちろん建物にまつわる思い出もある。小中学生のころには、夏休みなどには大広間で宿題をしたり、昼寝をしたりしていた。周囲には家もなく、風通しがよいため、池からくる風だけで十分涼しかった。一方で困ったこともあった。トイレと寝室とが長い建物の両端にあるため、夜に真っ暗な長い廊下を通ってトイレに行くのは本当に怖かった。お母さんを起こして一緒に行ったこともある。これもまた新茶屋の建物ならではのことである。

ちなみに、この新茶屋のトイレは装飾が美しく、とくにタイルは日本では他にあまり見かけない珍しいものである。花を象ったり、王家の紋章のようなデザインであったり、また複雑な幾何学模様であったりするタイルは、お客さんの目を楽しませるのはもちろんのこと、近年は建築の専門家からも注目を集めているとのことだ。

写真 1-29　建築の専門家も注目する特徴あるトイレの装飾

六　一世紀の歴史を受け継ぐ

現在、新茶屋は渡部さんを含むご家族五人、従業員が六人、それに数人のアルバイトの方とで営業されている。料理は渡部さんの他、四人で作っている。昔は、多いときには二、三〇人の従業員がいた。かつてはそうした従業員には食事が供されるだけで、給料はなし。それでも食事ができてお酒が飲めればよい、という時代だった。新茶屋で料理の腕を磨いて独立する人もいれば、一〇代で入って五〇年以上も働き続けた人もいた。今では、かつてのような厳しい修業で料理の腕を身に付けるということはほとんどなくなった。遅い時間まで働けるという人も少なくなってきている。

渡部さんご自身は、子どものころには新茶屋を継ぐ、ということはあまり意識していなかったそうだ。しかし、調理師免許を取得し、自らも調理に関わっている。現在は新茶屋の会長をされている渡部さんのお父さん（九代目のご主人）は、いかにも老舗料亭の旦那さんで、その姿は子ども心にも強く印象に残っていた。そんなお父さんを、いいな、と思いながら育ち、憧れていたところがあった。どこか無意識的なところで、新茶屋を守りたい、継ぎたいという意識があったのかもしれない、と渡部さんは振り返っていた。

新茶屋を守るというのは、まず商売を守ること、そして建物を守ることでもある。築一一〇年を超えた本館の維持は悩みの種となっている。建物じたいの傷みの他に、土台の沈み込みも起きている。今のようなコンクリートで固めた土台ではなく、下が石の基礎・土台の上に建っているので、年々沈み込みが起きる。沈んだ部分を補強しないと、建物が傾く。これだけ大きな建物である。一か所を直すと他の部分で傾きが生じてしまう。全体を直すとなれば膨大な費用がかかることだろう。

　これまでに、建て替えを考えたことが一度だけある。昭和五〇年代ごろ、世間では結婚式ブームが起こった。それに乗じて、鶴岡でも様々なホテルが大きな洋風の建物に建て替えをして、結婚式を行えるようにしていた。そうした流れを受けて、新茶屋でも建て替えを検討したそうだ。しかしそれで果たして商売が続けられるのか、と考え、そのままの姿で現在まで至っている。もしこのときに新茶屋本館の建物が建て替えられていたら、地域の大きな財

写真 1-30　新茶屋の「御美屋景」絵葉書の１枚

写真 1-31　右の写真に写る社も大切に守られている

産が失われることになっていただろう。

　それでも建物を維持していくうえでの費用的な負担の不安は小さくない。文化財の指定を受け、補助を受けるというのもひとつの方法ではあるが、商売を続けていくなかでは受ける制約も多く、難しさを感じている。

　その一方で、近年は周囲からの、建物をぜひ残してください、という応援が増えてきたことを渡部さんも実感している。渡部さんは、この一〇〇年以上続いてきた建物を「もう一〇〇年残していきたい」とおっしゃっていた。鶴岡市の歴史まちづくりのなかで、それがどのように具現化していくか、どう結実していくかは今後の課題である。

七　歴史と文化を語る

　鶴岡市内の好きな建物を渡部さんにうかがうと、大宝館の名を挙げられた（『人と建物がつむぐ街の記憶―山形県

鶴岡市を訪ねて(1)—』で紹介している)。学生時代には図書館として使われていて、部活動のない日の学校帰りにはそこでずっと過ごしていた。青春の思い出の場所である。そんな思い入れのある建物に、渡部さんはひとつの夢をもっている。それは大宝館で洋食屋を開くことだ。開館当時の大宝館には、二階に食堂(兼集会室)も設けられていた(現在もそのことを示す札が残されている)。もしそれが実現したら、どんなに素敵なことだろう。現在、全国各地で古い建物を活かしたレストランやカフェが作られている。人の思いというものはまた昔の場所に戻る、それがそうした流れを作っているのだろうと渡部さんはおっしゃっていた。

写真 1-32　大宝館

写真 1-33　大宝館の館内にあるかつての食堂を示す札

これからについて、渡部さんは、新茶屋の建物をどうにかして残していきたいとお考えである。それは同時に、様々な人に愛されてきた歴史、文化を後世に残すことでもある。

新茶屋には著名な人物が多く訪れた。だがここで開かれた宴会や、交わされた話の記録がすべて文書となって残っているわけではない。そうした、口伝えでしか伝わらないような歴史について、渡部さんは、「この建物のなかに染みついているもの」と表現された。だからこそ染みついた歴史をなくしてはいけないと思っている。

ここでは、役所や会社の会議室では決まらないようなことも決まっていたのだろう。その意味で人間のコミュニケーションに必要な場所だったのだ。お酒を飲んでものごとを決めるというのは、現代的な価値観からするとよいことだとは思われない。しかしそうしたコミュニケーションもまたひとつの文化であったのだ。この建物には、様々な人びとの交流の歴史と文化が詰まっている。建物じたいが歴史と文化を語る存在なのだ。だからこそ、渡部さんは、人びとの記憶があるうちに、何とか保存しておければ、と考えている。

新茶屋は一世紀以上もの間、鶴岡の人と街を見つめ、また様々な人から愛されてきた。時代とともに、人びとの

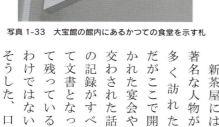

顔ぶれも変わっていくであろう。新茶屋は、そのときどきの人びとに、たどってきた歴史と文化を語る、語り部のような場所である。

写真 1-34　3月の雛祭りで飾られる新茶屋のお雛様
こうした事物も歴史を物語る

参考文献

・大瀬欽哉『鶴岡百年のあゆみ—続・城下町鶴岡—』鶴岡郷土史同好会、一九七三年。
・大瀬欽哉・斎藤正一・佐藤誠朗編『鶴岡市史　下巻』鶴岡市役所、一九七五年。
・春日儀夫編『目で見る鶴岡百年（付酒田）中巻』エビスヤ書店、一九七七年。
・岸本紫舟『荘内案内記　西田川郡之部』岸本宗道、一九一三年。
・春秋庵獲麟編『鶴岡市案内　附、三温泉、善宝寺、三山神社』エビスヤ書店、一九三三年。
・山形県近代和風建築総合調査委員会・社団法人山形県建築士会編『山形県の近代和風建築—山形県近代和風建築総合調査—』山形県教育委員会、一九九八年。
・新茶屋ホームページ
(http://sinchaya.com/)
（最終閲覧二〇一八年三月二八日）。

（二〇一七年調査）

第二章　地元に根差した日本酒と
残し続けたい生活の場所

—鯉川酒造㈱鶴岡支店—

一　米どころ水どころの酒店

一九八八（昭和六三）年から一九九一（平成三）年まで漫画雑誌『モーニング』で連載された『夏子の酒』。一九九四（平成六）年にはテレビドラマ化もされ、大人気となった。その物語のなかに出てくる幻の酒米（龍錦）のモデルとなったのが、「亀の尾」というお米である。鶴岡市のお隣、東田川郡庄内町余目にある鯉川酒造㈱では、この「亀の尾」を復活栽培し、地元の米、地元の水にこだわった酒造りを行っている。こちらで造られる日本酒の数々は、文字通りの地酒として、多くの日本酒ファンを喜ばせている。

鯉川酒造㈱には、鶴岡市内に二つのゆかりのある店舗、上肴町の鶴岡支店と十日町の鯉川支店がある。鶴岡支店は鶴岡工場と呼ばれていた時代もあり、実際にこちらで酒造も行っていた。十日町の鯉川支店は、余目の本家から分かれた家系の方が営む販売店である（鯉川支店については『人と建物がつむぐ街の記憶―山形県鶴岡市を訪ねて（1）―』で紹介している）。

上肴町は、その名の通りかつては多くの肴（魚）屋が軒を連ねていた界隈である。今も往時のたたずまいを残す通り沿いに、大きな切り妻屋根に妻入りの建築で、立派な梁と細かな格子窓、そして軒先の綱飾りが目を引く。これが鯉川酒造㈱鶴岡支店である。現在、こちらでは酒造りは行われていないが、引き続き鯉川酒造株式会社が所有して販売を行っており、同社の常務取締役、鶴岡支店管理責任者を務める佐藤泰彦さんご夫妻がお住まいになっている。佐藤さんと奥様に、酒造りと建物にまつわるお話をうかがった。

写真 2-1　特徴ある綱飾り

鯉川酒造の本社は庄内町余目にあり、一七二五（享保一〇）年の創業から二九〇年あまりの歴史をもち、現在のご当主は一一代目になる。鶴岡支店の管理責任者としては佐藤さんのお祖父さんが初代で、佐藤さんは三代目になる。佐藤さんは二六歳のときから現在のお仕事を始めた。それ以前は大学で醸造について学んだのち、神戸の泉酒造株式会社に入社し、灘酒研究会（一九一七（大正六）年に発足した、日本酒醸造の技術向上に取り組む技術者の集まり）に入り、さらに酒造りに関しての理解を深めた。そして鯉川酒造株式会社の先代の社長さんに、会社を手伝ってほしい、とお願いされ、入社することになった。

奥様もお仕事を手伝っている。佐藤さんがお仕事で余目の会社のほうに行っているときは、代わりに注文を受けたり、配達も行ったりする。現在でも一升瓶を六本ももって運んでいるそうだ。

二　鯉川酒造㈱鶴岡支店の歴史

昔の登記の記録は雑然としており、正確ではないことも多いようだが、佐藤さんのお祖父さんの代、おおよそ昭和の初めにそれまで所有していた長沢太治（次）兵衛という人から蔵を買ったのが鯉川酒造㈱鶴岡支店の始まりとされる。長沢太治兵衛は、明治から昭和にかけての鶴岡酒造界の実力者であり、本業の酒造はもとより山形県会議員、第六十七銀行頭取、鶴岡町会・市会議員としても活躍した人物であった。

佐藤さんのお母さんが残されたメモによれば、この蔵は一六九〇（元禄三）年ごろに建てられたもので、長沢家（長沢合資、長沢屋）は一六六二（寛文二）年の創業とされ、以来上肴町で酒造を行ってきた。その後一九二七（昭和二）年ごろに鯉川酒造が建物を譲り受けたようだ。

もしメモに書かれた通りならば、蔵は建てられてから三三〇年近く経っていることになる。二〇年ほど前に、当時大学の建築学科の学生だった人が建物を調査し、図面を描いてくれた。屋

写真 2-2　長沢太治兵衛醸造元の広告
『荘内案内記　西田川郡之部』

写真 2-4　芭蕉庵を描いた絵画

写真 2-3　芭蕉庵
『鶴岡案内図絵』

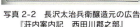

根裏にまで入って調査をした。棟札や屋根裏の形状を見ると、いつごろ建てられたのか、おおよそわかるそうだが、それでも明確にはわからなかったそうだ。

前の所有者である長沢家は、歴史ある酒蔵であると同時に文化にも通じていた。かつては現在の鯉川酒造㈱鶴岡支店の敷地内に、「芭蕉庵」という建物があった。松尾芭蕉の弟子、各務《かがみ》支考に学んだ盧元坊《ろげんぼう》という人物が、享保年間（一七一六〜三六年）に鶴岡を来訪した際に建てられた「自然庵」という建物が、後に「芭蕉庵」と呼ばれるようになったものとされている。一九七九（昭和五四）年に老朽化のために取り壊されているが、佐藤さんは往時の姿を覚えているという。また、鶴岡の俳人長沢千翅《せんし》（七郎兵衛）は、「芭蕉庵」の傍らに「珍らしや 山を いで羽の 初茄子《はつなすび》」という、松尾芭蕉が鶴岡を訪れたときに詠んだ句の石碑を建てている。この句碑は、湯田川温泉に移されたのち、一九八五（昭和六〇）年に致道博物館に寄贈され、同館の酒井家庭園に今もある。

長沢家には商標に「羽越盛《うえつざかり》」と「別嬪《べっぴん》」の二つがあり、「別嬪」は鯉川酒造で今でも製造されている。雨漏りだらけの蔵を修理して酒を造り始めたのが一九五五（昭和三〇）年。その当時、戦争によって製造を休止せざるをえなかった酒蔵が、国から免許を得て再び酒を造り始めるようになっていた。ここで造られた酒は余目の工場に運ばれ、瓶詰めされていた。それゆえにこちらの建物が鯉川酒造㈱鶴岡工場と呼ばれていたのである。

鯉川酒造㈱鶴岡支店は鯉川第二酒造場として一九八三（昭和五八）年まで酒造を行っていたが、売り上げが低下したこともあり、製造は終了した。現在は余目にある本社工場でお酒の製造を行い、こちらでは販売のみを行っている。販売に専念することになったため、以前は保有していたお酒の製造免許は返上し、卸免許と小売免許とで仕事を行っている。

建物の間取りは曲がり屋の典型で、玄関から奥へと長い通り土間が続く。通りに面した居間は、格子窓になっている。外観からの印象とは異なり、内部は明るい。

部屋自体が広く、天井も高いため騒がしさもなく、非常にゆったりとしているので、寝転ぶととても気持ちがいいそうだ。その分、冷暖房を取り付けられず、冬場になると部屋のなかは寒

写真 2-5　通り土間

く、ストーブで部屋を暖めても室温は一二℃ほどまでしか上がらない。温暖化が進み、暖かくなった最近はなくなったが、以前は室内のコップの水が凍ってしまったこともあった。佐藤さんの息子さんが小学生のころ、遊びにくる子は寒さで着ているものを脱げず、雪の重みで戸が開けられなかったこともあった。そのような環境で育った息子さんは、暖房のきいた学校の教室は暑く感じられて、とてもいられなかったそうだ。

写真 2-6　通りに面した居間

　もともと二重になっていた雨戸は、同じ大きさの戸に差し替え、大きな窓は雨戸を外しサッシに替えるといった程度の改修は行っているものの、大規模な改築を行うことなく現在も住み続けている。奥様がこちらにお嫁にきたころは、まだコンクリートの大きな流しがあったが、現在はステンレスのものに替えている。当時は湯沸かし器もなく、お米を炊いたときに釜に残ったお湯を柄の長い大きな柄杓を使い、お湯を台所まで運んでお皿を洗っていた。そんな生活の記憶も建物とともに残っている。

　三〇〇年以上の月日が経っている建物そのものが、徐々に傷みつつあり、補修したいところは内周り、屋根周りをはじめいくらでもあるが、金銭的にも気安く修理できるものではなく、なかなかできないでいる。そのうえで建物の改築や活用について、佐藤さんは次のようにお考えである。

写真 2-7　時間の流れを感じさせる看板

写真 2-8　入口の戸

改築を考えるよりもいかにして続けるかということですね。現実、ものを売らなければ続かなくなるわけですから。苦しくなれば当然手放すしかないわけですから。積極的な活用策というのはいっぱいあります。蔵を綺麗にして、コンサート会場にしたり、樽をくりぬいてお茶室にしたり。灘に行くとそんなふうにしています。丁度、四人座って麻雀をするのにいいくらいのスペースを樽をくりぬいて造ったりしています。そういった利用をしているところはいくらでもあります。コンサート会場にしているところはいくらでもあるんじゃないですか。土蔵のなかでね。一〇〇人から二〇〇人くらい入るの、最高だと思いますけどね。今のところそうした積極的に活用するといった考えは全然なくて、とにかく何とかお酒を売れば続くのではないか。こういう特別感はないというか。

リノベーションという形で、新たな使われ方をする建物のよさを認めたうえで、佐藤さんは建物が「今のまま」であることを望んでいる。建物が個人ではなく会社の所有であることもあるが、新たな使われ方をするよりもむしろ、佐藤さんご夫妻がこれまで通りの生活を続けていくことで、建物が生き続けていくように思える。

三　鯉川酒造の酒造り

鯉川酒造の「鯉川」は、名字と思われがちだが、屋号であり、その由来は湯殿山にある。湯殿山の別名は恋の山だそうだ。そこから流れ出る川ということで、「恋の川」となった。それがある日、魚のほうの「鯉の滝登り」が

写真 2-9　玄関には屋号が看板のように示されている

写真 2-10　「鯉の滝登り」を表現した額

非常に縁起がいいことから、「鯉川」に変わった。もっとも東京の問屋さんに行った際、問屋さんから「名前がダサい、色恋の恋にしろ」といわれたこともきっかけとなって、現在は「鯉川」、「恋の川」、「別嬪」という銘柄のお酒を造っている。

先にも触れたように、鯉川酒造では「亀の尾」という品種の酒米を復活栽培し、お酒を製造している。「亀の尾」は「ササニシキ」や「はえぬき」といった現在のブランド米のルーツとなったお米で、東田川郡大和村（現庄内町）の阿部亀治という人物が、明治時代に品種改良を行って生まれたものである。その後「亀の尾」をもとに新しい米が生まれるにつれて「亀の尾」じたいの栽培は減り、市場に出回らなくなった。酒造好適米として名の挙がる「山田錦」「美山錦」は醸造用のお米として作られるが、「亀の尾」系列の米はもともとは飯米、食べることを目的に作られたものであった。ただ、昔はお米の種類も今ほど多くはなく、酒造りに何を使えばよいかという話になったとき、用いられたのが当時広く流通していた「亀の尾」だった。以後「亀の尾」を使った酒造が進められていく。

鯉川酒造ではそれまで主に醸造用米を使っていたが、一九八一（昭和五六）年ごろから「亀の尾」を酒造りに使い始めている。その一年前に、新潟の久須美酒造が「亀の尾」の種籾を県の醸造試験場から譲り受け、栽培を成功させ、酒造りを始めていた。ほぼときを同じくして、「亀の尾」発祥の地である庄内で、地元の酒造業者である鯉川酒造によってこのお米を用いた酒造りが復活した。この復活は、当時の蔵元佐藤一良さんと先代の佐藤淳一さんの二代にわたる悲願であった。そして、現在鯉川酒造で使われている「亀の尾」は、地元の庄内町で作られている。

鯉川酒造では、きちんと表記できる地元のお米を使うようにしている。複数の原料米を使ってお酒を造った場合は、例えばササニシキ五〇％、美山錦五〇％というように、原料米の配合割合まで書かなければならない。鯉川酒造の場合、美山錦ならば美山錦一〇〇％というように表記している。鯉川のお酒は、純米酒にこだわった独自のポリシーをもつことで、日本酒愛好家たちに知られている。

それでも時代とともに酒造りも変化する。お酒を造るとき、かつては井戸水を使うところが多かった。井戸水はどちらかというと硬度が高く、できあがったお酒の味に違いをもたらしていた。しかし、川の上流にダムができて、地下水の水質にも変化が見られたことなどから、お酒を造るのに適した水を得るためには、何百メートルも井戸を掘り続けなければならなくなった。一方でろ過システムが発達してきたこともあり、井戸水を使ってお酒を造るメーカーは非常に少なくなっている。本当は井戸水を使いたいが、月山ダムの水質が割によいこともあり、水をろ過し成分を調整して使っている。

佐藤さんが長年お仕事をされてきたなかで感じる変化は、日本酒を飲む人が減ってきていることだ。一九七三（昭和四八）年ごろが販売のピークで、現在は当時の出荷量の半分にも満たない。全国のメーカーの数も半分以下になっている。鶴岡にはかつて酒造会社が一六社ほどあったというが、今は鶴岡税務署管内でも八、九社と、半分ほどしかない。

若い人にも飲んでもらおうと考え、若い人が敬遠する日本酒独特の匂いがしない、冷やして飲めるお酒を造ろうと改良を重ねた。鯉川酒造の商品のなかでは、「大吟醸」がフルーティーな味になっている。そうして若い人たちが少しずつ日本酒を飲むようになった一方、これまでの日本酒の愛好家からは物足りなさを感じるといわれる。世代によって嗜好が異なるなかで、試行錯誤が続けられている。

四　周辺の変化

鯉川酒造㈱鶴岡支店の現在の住所は、鶴岡市本町三丁目である。かつてこの界隈は上肴町といった。現在もバス停などにその名残が見える。ここは江戸時代からの町人地で、町そのものが鶴岡の台所だった。商店はいずれも広い間口で、問屋系の卸街だった。酒屋だけでなく、餅屋、荒物屋、自転車屋と、お店の前の街道を歩くだけで必要なものはほとんど手に入った。鯉川酒造がこの場所で商売を始めたときも、人通りの多い街道筋に面していることを考慮したとのことだ。

佐藤さんが子どものころは、消雪道路になっていないので、路面が凍っているときには竹下駄を履き、バスの後ろにつかまり、引きずられてスケート

写真 2-11　通りに面した目の細かい格子窓

写真 2-12　昭和 40 年代ごろの鯉川酒造鶴岡支店
建物の雰囲気は今もまったく変わっていない
★

のようにして遊んだりもした。以前は車庫から出ることさえ大変なほど大量に降った雪も、ここ数年は少なくなった。それでも屋根が大きいため、庭に落ちてくる雪の量は多く、松の木の枝が折れないように冬になると棒で突いて落としている。

　昔と比べて、現在は周囲の家も少なくなり、街並みも歯欠け状態になっている。商売についていえば、次の代を受け継ぐ人がいない。そしてだんだんと町が寂れていく。市のほうで空き家対策を行うにしても、所有者から了承を得る必要があり、なかなか難しい。建物を壊してそこから新たに何かを始めようと、積極的に行動する人や建物の買い手がいないからかもしれないが、少しずつ人が離れていくのを食い止めることの難しさを感じている。

　そんななかでも、鶴岡のかつてのにぎわいを感じさせてくれるのが、木造三階建ての建物である。現在の法規では、新たに木造三階建ての建物を造ることは難しい。だが市内には、今でこそ少なくなっているが、割烹三浦屋（『人と建物がつむぐ街の記憶―山形県鶴岡市を訪ねて（1）―』で紹介している）のような建物が残っている。佐藤さんは子どものころ、三階建ての建物を見ると、必ずといっていいほど、すごいなと思い、なかに入って上りたくなった。とくに中間の二階の部分がどうなっているのか気になり、今でも前を通るとワクワクする。

五　藤沢周平との縁

『蝉しぐれ』、『たそがれ清兵衛』をはじめ、故郷鶴岡をモチーフとした海坂藩を舞台とする数多くの作品を生み出した直木賞作家・藤沢周平は、かつて佐藤さんのお母さんの実家に寝泊まりをしていたことがある。昼間は鶴岡印刷や村役場で働き、夜は山形県立鶴岡中学校（現在の鶴岡南高等学校）の夜間部に通っていた。お母さんの実家で生活していたときには、ご飯をふるまったり、またカルタや百人一首をして遊んだりしていた。直木賞を受賞した際には、お母さんのお父さん、つまり佐藤さんのお祖父さんがもし生きていたら、褒美は何をくれただろうか、と嬉々として話していた。そして、取っておいてくれと毎月一冊ずつ著書を全巻送ってきた。お母さんが健在のころには、藤沢周平のエピソードを聞くためにわざわざ訪ねてくる人もいた。その度にお母さんは目を輝かせて、お茶やお菓子を準備して待っていた。「藤沢周平先生のおかげで（人生を）楽しんでいる」と、お母さんはよく佐藤さんに話していたそうだ。

六　歴史まちづくりのなかで

鯉川酒造㈱鶴岡支店は、鶴岡市が進

めている歴史まちづくりに関するアンケートの「どこに興味があるか」、「他にどこの建物を見てみたいか」といった質問で、一位の割烹三浦屋に次いで、是非ここを見たいという、高い関心を集める建物である。建物を残してほしいという声も多くの人から挙がる。

佐藤さん自身、鶴岡市歴史的風致維持向上計画（通称歴まち計画）そのものは素晴らしいものだと思っている。何か役に立てれば手伝いたいという気持ちも十分にもっている。しかし、その反面、この計画で保護される建物に指定された場合は、悩ましさもある、と佐藤さんはおっしゃっていた。

建物は、佐藤さんと鯉川酒造の社長さんとの話し合いでどうしていくかを決める。ただ、会社が苦しい状態のときにわざわざ古い建物を残さなければならないと考える人はなかなかいないだろう。会社を背負う経営者としては、会社の経営が苦しくなれば建物を手放すしかない。建物を維持していくためにはその前提として、会社の経営が順調である必要がある。会社がうまくいっていれば、少しずつお金をかけて、綺麗にしながら長く残していくことができる。

また、見てもらうために、建物に人を入れることも難しい。以前は、この建物に興味をもった人が訪ねてきて、建物の内部を見せてほしいということがたびたびあった。その際には見せられる範囲で見せたが、訪ねてくる人からすると見せることのできない奥の部分も見たいと思う。事前に連絡を受けて、見せられる部分だけを見せるならば、ある程度までは付き合うことはできるが、佐藤さんご夫妻二人だけでは、日々のお仕事もあり、毎日のように人が訪れるととても対応はできない。

古い建物といっても、現代の暮らしに合わせて改修した部分がある。見せるといっても板戸や後側面の板や、一枚戸といったところに限られる。建築家の方は珍しい建物だというが、生活している人にとっては普通の家であり、ご夫妻にとっては日常の生活空間だ。佐藤さんご夫妻が別の場所に住み、管理人のような立場で多額のお金をかけ、もう一度手を入れて全部直すというのであれば話は別だが、今の状態で制約を抱えながら多くの人に公開していくことは現実的には難しい。

七　次世代に伝えたいこと

今、多くの若者が地元を離れて都市に出て行っている。佐藤さんは若者にはできるだけ地元に残っていてほしいと思っている。東京に仕事があってもいいから、生活の拠点は地元に残して仕事をしてほしい。音楽家やデザイナーには東京ではなく、地元で創作活動をしてもらいたい。わざわざ都会に住まなくても、交通手段が発達した現代なら、生活のしやすい地元で暮らしながらでも十分やっていけるよ、と若い人びとに伝えたい。そう思っている。

八　建物のこれから

佐藤さんは、お仕事と生活についての信念を、次のようにおっしゃっていた。

写真 2-13　佐藤さん（左端）にお話をうかがう

今の段階は、特に日々明日が勝負みたいなものですから。とにかく明日酒をいかにして売るかということを必死の思いで考えています。まじめだから、それを必死に考えているので長く続いています。そうでないとそれは無理なのです。だからやっぱり人は年を取っても、俺は六七歳だけど皆さんはまだ若い。明日を、今日一生懸命の、また今日は寝るときに明日もいいことがあるんじゃないかと思ってがんばっています。

これから鯉川酒造㈱鶴岡支店の建物がどうなっていくか、中長期的には明確な見通しは立っていない。しかし、佐藤さんはこれからも今までのようにここに住み続けたいと思っている。佐藤さんにとって鯉川酒造㈱鶴岡支店は生まれ育った場所だ。ここよりも狭い部屋のなかでは落ち着かない。綺麗な家は他にもあるが、生まれたところが一番落ち着く。もしたとえ将来別の場所に住むことになったとしても、管理人としてここにきて仕事ができれば何よりとのことだ。酒造りを終えた後も、人が住み続けたことで鯉川酒造㈱鶴岡支店は長らく保たれてきた。これからもここを誰よりも大切に思う佐藤さんご夫妻の穏やかな、そして素敵な日々の生活の積み重ねが、この建物を生かし続けていく。

写真 2-14　庭の大きな松が重ねてきた歴史を物語る

参考文献

・秋庭洋服店『鶴岡案内図絵』白信堂活版所、発行年不詳（推定一九三〇年代）。
・大瀬欽哉・斎藤正一・佐藤誠朗編『鶴岡市史　下巻』鶴岡市役所、一九七五年。
・岸本紫舟『荘内案内記　西田川郡之部』岸本宗道、一九一三年。
・庄内人名辞典刊行会（代表大瀬欽哉）編『新編　庄内人名辞典』庄内人名辞典刊行会、一九八六年。
・山口昭三「醸造建築調査研究　東北・近畿」『近畿大学九州工学部研究報告』二六号、一九九七年。
・山口昭三『日本の酒蔵』九州大学出版会、二〇〇九年。
・高橋まゆみ「庄内庭園探訪その一〇　鶴岡の酒井氏庭園を訪ねて」『月刊ＳＰＯＯＮ』二〇〇四年一月号（http://www.spoonnet.jp/backnumber/teientanbou/teien0401.html）（最終閲覧二〇一八年九月一四日）。
・鯉川支店ホームページ（http://www.koikawa.com/page9.php）（最終閲覧二〇一八年九月一四日）。

（二〇一五年調査）

第三章　それぞれの思いが息を吹き込んだ、銀座通りのランドマーク

―旧小池薬局恵比寿屋本店―

一　アールデコ風の三階建てＲＣ建築

鶴岡の中心市街地を流れる内川は、かつては赤川の本流であったが、慶長年間に最上義光が城下を水害から守るために流路を変えた。それ以後、旧赤川を内川、新しい川を赤川と呼んだといわれている。一六〇八（慶長一三）年に初めて架けられた橋が三日町橋（三雪橋）である。一六二二（元和八）年の酒井氏入部後、城下町とともにそこに架かる橋も整備されていった。かつてはたびたび水害をもたらしたとされるが、現在は穏やかな流れとして城下町の趣を今に伝えている。

この内川を渡った東側に広がるのが、庶民が暮らす町人町である。三日町・五日町界隈の銀座通りは、古くは通り丁と呼ばれ、特ににぎやかな商業の中心地であった。長く続く銀座商店街のアーケード。その上に顔を覗かせている煉瓦壁のレトロな建物が、旧小池薬局恵比寿屋本店（通称ヱビスヤビル。以下旧ヱビスヤビル）である。レリーフやタイルの使用といった要素が、昭和初期に流行したアールデコ様式の建築の特徴を示している。薬局の店舗として昭和初期に建てられた旧ヱビスヤビルは、鶴岡では比較的早い時期に造られた三階建てＲＣ（鉄筋コンクリート）建築である。昭和初期の銀座商店街の繁栄ぶりを物語る、ランドマーク的存在だ。商売繁盛の象徴でもある入口上の恵比寿さんの大きなレリーフが、人びとを笑顔で迎える。

この建物は創建以来ずっと薬局の店舗として利用されてきたが、薬局としての営業が終了した後、二〇一五（平成二七）年に鶴岡飲料株式会社の所有・管理となった。しばらくは空き店舗状態が続いていたが、近年に至って旧ヱビスヤビルの歴史的な価値を残そうと、大学の研究室や市民の間で活用策が検討されてきた。まちづくりに資する形ならば協力したいという所有者のご意向もあり、現在本格的な活用計画が進行している。

この活用計画の基礎となったのが、二〇一四（平成二六）年にスタートした「ヱビスヤプロジェクト」である（その内容については後述する）。この取り組みに関わってこられた方の一人が、地域の研究者である、東北公益文科大学庄内・地域デザイン研究所学外研究員の國井美保さんである。國井さんは、研究を開始した大学院生の時期から今日に至るまで、旧ヱビスヤビルを見守り、維持保存から活用に向けた活動をされてきた。

二　旧ヱビスヤビルの変遷

旧ヱビスヤビルの歴史は、米沢出身のゑびす屋小池藤治郎が開業した小池薬局に始まる。初代小池藤治郎は、同じ米沢出身の蘭医で、その当時庄内藩表医師であった小池仲郁を頼って鶴岡を訪れ、薬局を開いたとされる。続く二代目藤治郎は、薬品に限らず、食品や、雑貨などの日用品、輸入品の販売、各種保険会社の代理店など、商売の幅を大きく広げていった。今のコンビニエンスストアと同じような役割である。彼は「ゑびす屋に頼めば豆腐油揚でも、棺桶でも揃えて呉れる」という言い伝えがあるほどで、お客様が求める商品を扱っていなければ他店から買ってきてでも対応して満足してもらう、というように、お客様のことを一番に考える商売上手な人物であった。

鶴岡市内でも有数の書店であったエビスヤ書店（栄華堂）も一九二一（大正一〇）年に恵比寿屋から分家独立したものである。その後、三代目藤治郎は薬品の販売だけではなく、株取引にも成功し、財をなした。戦前においては薬品の売り上げは山形県内一を誇り、そのなかでも胃腸薬「守田宝丹」の売り上げは全国で五位であった。二階の外壁（バルコニーのようになっている）に設置されている登り龍の装飾が施された看板が、特約店の証である。

写真 3-1　「宝丹」の特約店であることを示す看板

「守田宝丹」は一六八〇（延宝八）年創業の守田治兵衛商店が販売する家庭薬で、一八七〇（明治三）年に官許第一号の公認薬となった。西南の役、日清・日露戦争、青島戦役での必携薬として重用され、夏目漱石の『吾輩は猫である』や森鴎外の『雁』にも登場する。製造販売元の守田治兵衛商店は

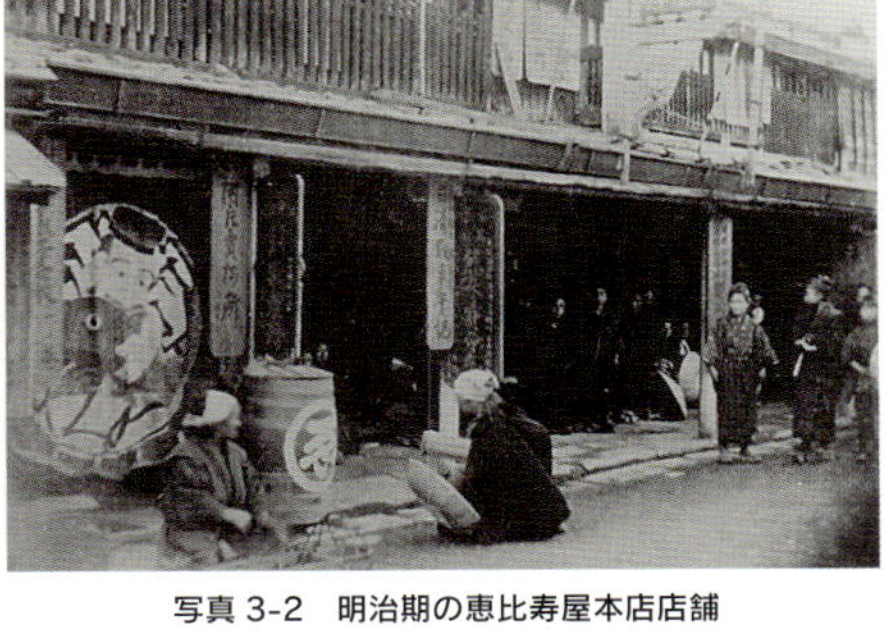
写真 3-2　明治期の恵比寿屋本店店舗
恵比寿さんを象った看板や「宝丹」の看板が見える
★

写真 3-3　旧ヱビスヤビル建設前の恵比寿屋本店
★

東京都台東区上野にあるのだが、現社屋を設計したのが、建築家であり東北公益文科大学特任教授でもある、高谷時彦さんである。高谷さんは自身が設計した守田治兵衛商店、その商品を取り扱っていた旧ヱビスヤビルと、「宝丹」つながりである。そして旧ヱビスヤビルの再生・活用に向けた「エビスヤプロジェクト」の中心となった。

一九三四（昭和九）年、二代目藤治郎は多角的な商売展開によって蓄えた財をもとに、平入りの町屋建築を壊し、鉄筋コンクリートのビルディング、旧ヱビスヤビルを建設した。その当時は、市内でビルといえば鶴岡水力電気株式会社（後の東北電力）といった大企業しか建てていなかった（一九二九（昭和四）年に庄内地方初の鉄筋コンクリート造の社屋を建設）ため、街なかの商店街にできた大きな

写真 3-4　五日町通り（現銀座通り）
右手に恵比寿屋本店店舗が見える
大正～昭和初期ごろ絵葉書

写真 3-5　竣工間もないころの旧ヱビスヤビル
『目で見る鶴岡百年　拾遺補充篇』

写真 3-7　2018（平成 30）年の銀座通り
右写真と同じ地点の現在の様子

写真 3-6　1930 ～ 40 年代の銀座通り
中央左手に旧ヱビスヤビルが見える
★

写真 3-8　昭和初期の雪の銀座通り
中央右手の高い建物が旧ヱビスヤビル
昭和初期絵葉書

写真 3-9　2018（平成 30）年の銀座通り
右写真と同じ地点の現在の様子

建物は人びとを驚かせたことだろう。

以来、古くからの商人町である銀座通りの象徴的存在であった旧ヱビスヤビルだが、最後の店主であった小池藤子さんが亡くなられたのをきっかけに競売にかけられ、二〇一五（平成二七）年、現在の所有者である鶴岡飲料株式会社が買い取ることとなった。

同社会長の青柳好春さんには、何とか旧ヱビスヤビルを保存したいという思いがあった。その後は同社で風通しのよい三階を干し柿の干し場として使っていた時期もあったという。だが、比較的大きく、また老朽化も進んでいた建物である。ひとつの企業だけで維持管理するのも困難であった。一時期は建物を解体して駐車場にしようという話も出たそうだ。

だが、旧ヱビスヤビルに思いを寄せる人びとから、再生・活用を望む声が上がった。そうして動き出したのが「エビスヤプロジェクト」である。

三　旧ヱビスヤビルの価値を調査する

「エビスヤプロジェクト」は、東北公益文科大学の高谷研究室を中心に、大学院生、一般市民、建築関係者から、行政やＮＰＯ、地域の金融機関の人びとが幅広く集まって二〇一四（平成二六）年にスタートした、産学官連携のプロジェクトである。そこでは建築の観点からの構造調査に加え、建物がどのように使われてきたのかという歴史的な観点にも注目した詳細な調査が行われた。その報告書『ヱビスヤでまちのあしたをつくる』の記述と國井さんのお話に基づいて建物を見ていこう。

建物の一階は主に店舗として利用され、洋館と呼ばれていた。いろいろな商品を扱いながらもあくまでも中心は薬局であったため、ビルの地下には薬品庫を備えていた。そのため、一階の

写真 3-11　かつて和館の建っていた場所

写真 3-10　明かり取りのためのガラスブロック

写真 3-13　2階への階段と手すり

写真 3-12　規則的なタイル張りの外壁
「エビスビル」の文字が見える

床には地下の明かり取りのためのガラスブロックが二か所はめ込まれている。

二、三階については、二階へ直通する外部階段をもっていることから、そこを店舗として親類の人に貸していた時代もあったことが明らかになっている。しかし、具体的にどのような形で変遷したのか、どのようにして利用されていたのかについては調査中とのことであり、その当時の町屋での生活ぶりから考えて、従業員の居住スペースとして活用されていたのではないかと推測されている。

洋館の隣には、現在は老朽化によって取り壊されてしまったが、家族の居住スペースとしての建物を併設していた。これを和館と呼び、洋館とは表から直通の土間の廊下でつながっていた。昔の商店の造りでいえば、通り土間である。和館は、従業員であっても立ち入ることのできない家族のための完全にプライベートな生活空間であった。公的な空間と私的な空間をそれぞれもっていることは、その当時の資産家のステイタスの象徴であったようだ。

　旧エビスヤビルの大きな特徴は、國井さんの表現を借りると「控え目なアールデコ調」のデザインのビルディングということになる。外壁は全面に規則的にタイルを貼り、内部も白を基調として飾り気がなく、階段の手すりには非常にシンプルな幾何学的な模様が彫られているなど、建設当時に流行していたアールデコの特徴を随所に取り込んでいる。また、土間の廊下にもステンドグラス風のガラスのデザインやアーチ形のモチーフを埋め込んでいるなど、決して豪華な装飾ではないが、あまり目立たない部分にも工夫が凝らされている。様式的には「純粋なアールデコ」ではない。國井さんが「控え目なアールデコ調」と表現されるように、どこか抑えたような印象を与える。「控え目なアールデコ」には、ひょっ

写真 3-14　1階奥から銀座通りを見る

写真 3-15　階段のデザインも目を引く

写真 3-16　天井の高い2階

とすると当時の鶴岡の人びとの人柄が表れているのかもしれない。

二階に上がると、天井が驚くほど高い。國井さんから見ても、「昔の人はそんなに背も高くないのに、どうしてこんなに高くしたのだろう」と思えるとのことだ。そしてこの階の窓にも特徴がある。シャッターが付いているのだ。よく目を凝らして銘板を見ると、「鈴木式シヤタア」という文字が読み取れる。こちらは現存する会社だそうである。

窓をくぐってバルコニーのようなスペースに出ると、先ほど見た「守田宝丹」の看板がすぐ目の前にある。「起死回生寶丹」の文字が読み取れる。振り返って見上げれば「ヱビスビル」の文字が見える。もっとも、竣工当時は現在のカタカナ表記ではなく、「EBISUYAHONTEN」とローマ字書きになっていた。一階にはショーウィンドーもあったとのことだ。そしてバルコニーのようになっている部分には、恵比寿さんのレリーフをはさんで「恵比寿屋本店」の堂々とした文字がある。残念ながら、こうした文字や、道路にせり出した一階上部の看板部分などは失われてしまっている。「宝丹」の看板も、アーケードの屋根のわずかなすき間からやっと見える程度で、恵比寿さんのレリーフも注意深く見上げなければ気づかない。

三階に上がる。一見すると二階とそう変わらない造りのようにも思えるが、よく見てみると若干趣が異なる。國井さんによれば、和風のスペースがあったと推測される。そしてこちらにも明かり取りのガラスが床にはめ込まれている。

屋上に出る。眺望を遮るものがほとんどなく、遠くまで見渡すことができる。月山、鳥海山、金峯山といった庄内地方を代表する山々が望める。竣工当時は現在よりももっと高さを感じたことだろう。

写真 3-17　2階のシャッター

写真 3-18　シャッターの銘板（上）とつまみ（下）

写真 3-19　恵比寿さんのレリーフは今も健在

写真 3-22　3階室内

写真 3-21　3階室内入口

写真 3-20　階段（屋上踊り場から）

写真 3-24　月山方面を望む

写真 3-23　3階床にある明かり取りのガラス

写真 3-26　母狩山（左）と金峯山（右）を望む

写真 3-25　鳥海山方面を望む

四　旧ヱビスヤビルの活用に向けて

旧ヱビスヤビルの活用については、「ヱビスヤプロジェクト」に先立ち、「鶴岡市中心市街地活性化基本計画」（計画期間二〇〇八（平成二〇）～二〇一二(平成二四)年度)において「旧ヱビスヤ薬局施設整備事業」が具体的な事業のひとつとして位置づけられていた。当初行政主体のまちづくりのなかで検討されていたことは、やがて「ヱビスヤプロジェクト」によって広がりを見せていった。

「ヱビスヤプロジェクト」の報告書『ヱビスヤでまちのあしたをつくる』には、旧ヱビスヤビルをまちづくりのために活用するうえでの三つの視点が示されている。

一　不動産活用によりまちを変える、リノベーションまちづくりの発想

ヱビスヤビルの場合、建物面積の大きさが活用のしにくさを招いている可能性もある。しかし同時に、街の中心地にこれほどの規模の建物があることは大きな投資のチャンスが残っていることでもある。そのため、空き家＝利益を生む不動産という考えを出発点とし、今までの発想を超えた新しい魅力的な利用を考えることにより、事業とともに地域にとっても最良の活用を行う。

二　空間の物語、履歴を地域で共有する、歴史的建造物を再生活用する視点

歴史文化遺産に刻まれた記憶に多くの人が触れ、共有することが出来るよう、地域の人が集まる空間として再生する。また、建物の記憶だけにとどまらず、建築的な価値の継承にも努める。

三　文化創造をテーマにする、創造都市的まちづくりの視点

ユネスコの創造都市ネットワークに食文化分野で加盟していることから、食をテーマの一つにする。また、国や大企業に頼らず、専門家・市民・行政の中に広がるネットワーク、つまり地域にある人的資源を最大限活用する。

この他に、建築的価値を活かすための条件として、「デザイン的要素を残すこと」、「建物の構造を生かした空間づくりを行う」ことが設定されている。また、大きな改築を行わずにコストダウンを図ることで建物のもつ雰囲気をそのまま生かすこと、消防機関や行政への申請を行わずに進めることのできる範囲での改修にとどめること等が、活用のための条件として定められている。

所有者の鶴岡飲料株式会社の理解もあって、現在二つの借り手が新たな事業を開始するための準備を進めてい

る。建物の傷んだ部分を直し、維持しながら新しいことを始めるというのは容易なことではないが、少しずつ具現化しつつあるとのことだ。

五　変化を迎える鶴岡の街

ビルの屋上からは、眼下に商店街の長いアーケードを眺めることができる。この旧エビスヤビルが銀座商店街の他の建物に比べて、目立って大きな建物であることを実感できる。商店街とは反対の西側を見れば、かつてお城があった鶴岡公園の広大な緑を中心にして広がる城下町を見渡すことができる。鶴岡公園よりも手前にある小さな森は、旧風間家住宅丙申堂や、風間家旧別邸無量光苑釈迦堂の庭の木々である。藩政時代の趣を感じつつ南側に視線を移すと、目を引くのが真っ赤な屋根の洋風建築だ。旧家老屋敷跡に明治期に建てられた、鶴岡カトリック教会天主堂『人と建物がつむぐ街の記憶ー山形県鶴岡市を訪ねて(1)ー』で紹介している)である。城下の風情と近代化の軌跡の両方がうかがえる街並みだ。

写真 3-27　旧風間家住宅丙申堂（中央の森）を望む

写真 3-28　鶴岡カトリック教会天主堂を望む

歴史的な建築物や町並みが大切に残されてきた鶴岡の街だが、もちろん以前のままの姿というわけではない。鶴岡の中心市街地は確実に変化している。その変化を代表するのが致道館のすぐ隣で進められている大規模な建築工事である。国指定史跡の致道館のもつ歴史的な雰囲気とは対照的に、特徴ある屋根をもつ、現代的な建物が建築されている。これまでの文化会館に代わって造られる、新しい文化会館である。一、〇〇〇人以上が収容可能なホールを備えるこの文化会館は、鶴岡の街の新たなシンボルとなりそうである(その後二〇一七(平成二九)年八月に竣工し、翌二〇一八(平成三〇)年三月に「荘銀タクト鶴岡」としてオープンした)。中心市街地には今後、第二地方銀行のきらやか銀行鶴岡中央支店(二〇一七(平成二九)年七月に新築開店)や、税務署・ハローワークといった行政機関が入る国の合同庁舎が新たに建築される予定だ。また、市街地のどこからでも目に入るランドマーク的存在になっている鶴岡市立荘内病院は、かつての工場（コンマ製作所）跡地に新築移転してできた建物である。こうした変化のはじまりは、二〇年以上前にさかのぼる。

一九九三（平成五）年、「地方拠点都市法」に基づき鶴岡公園周辺の三の丸内のエリアの都市整備が考えられるようになった。市の中心部に都市の機能を集約するコンパクトシティ化や、市民が集まれるような街を目指した各種施設の建築、さらに観光客の集約も視野に入れた都市整備が少しずつ行われてきた。とはいえ、鶴岡公園周辺の一帯は「鶴岡市歴史的風致維持向上計画」の重点地区に指定されており、歴史的な景観を残すための様々な規定・規制が設けられている。建物の高さ制限はそのひとつだ。基本的には一五メートルが基準だが、公益性やまちづくりの観点から必要性が認められれば特例許可が出される。建築中の新文化会館は限度である三〇メートルに達しないぎりぎりの高さで設計されている。

歴史的景観の維持と、都市機能の両方を追求しながら都市整備を進めるのは容易なことではない。その点、國井さんが「上手くできている」とおっしゃっていたのが、新しい鶴岡商工会議所だ。建物の高さ自体は一七メートルと基準をわずかに超えるのだが、庇《ひさし》までの高さが以前この場所にあった消防署の中央分署と同じ高さに収められている。歩道を歩く人の目線からは庇までしか見えないため、従来の景観と同じように感じられる。この建物も、高谷時彦さんの設計によるものである。

六　商店街の移り変わりと新しい変化

現在、鶴岡市では観光にも力を入れ、歴史的・文化的資源を活用した取り組みも展開している。では、商店街活性化と観光との関係はどうなっているのだろうか。

國井さんは、観光客が商店街までなかなかこないとおっしゃっていた。鶴岡公園周辺の文化財のような、観光客が見学に訪れる施設は内川よりも西側に集中しており、内川より東側まで足を運んでもらうのは難しい。観光化の影響が波及しにくい位置にある銀座商店街は、これまでも観光より地元の商店街としてやってきたのだろうし、これからも基本的にはそうあるのだろう。

商店街振興のための取り組みはこれまでにも行われてきた。旧ヱビスヤビルの向かいには、鶴岡の伝統あるお祭りである天神祭をモチーフにしたレリーフが特徴的な施設、旧セントルがある。商店街に人びとが集まれるようにと一九九〇（平成二）年に建てられた。一時閉館状態にあったが、早稲田大学理工学部・佐藤滋研究室を中心に、再活用に向けた取り組みが進められている（その後二〇一七（平成二九）年一〇月に、「まちづくりスタジオ　鶴岡Ｄａｄａ」としてリニューアルオープンした）。また、二〇〇九（平成二一）年には、まちなか居住を推進しようと「鶴岡元気シニア住宅クオレハウス」（第四章で紹介している）が新たに建てられている。

國井さんによれば、最近は若者が商店街で頑張ってきている。若者のハンドクラフトやアクセサリーの店が増えていけば、これからもっと商店街が楽しくなるのではないかと期待されていた。今後の観光化と商店街との関係性は未知数ではあるが、いい方向に変化する可能性は多分にある。

七　それぞれの立場で、できることから

歴史的な景観を守り、生かしながら、人々の生活の場として進化を続ける鶴岡の街と、そのなかで少しずつ変わろうとしている鶴岡銀座商店街。旧エビスヤビルの活用は、これからの商店街の展開に大きく貢献することだろう。そのうえで、今後次世代に何を残していきたいかについてお聞きした。

國井さんは、先輩から引き継いだものを残すのが自分の役割だとおっしゃっていた。それは建物をはじめ、文化面でも、よいものは残していく、ということである。

國井さんは、「エビスヤプロジェクト」に関わる傍ら、元高校の国語教師という経歴を生かして、鶴岡の歴史ある建物を会場に、庄内にゆかりのある作家の作品の朗読会を行う「つるおかルネサンスの会」の代表としての活動にも取り組んできた。

旧風間家住宅丙申堂では、一二〇周年の記念にイザベラ・バード（一八七八（明治一一）年に日本各地を訪問した旅行家・紀行作家）の『日本紀行』（時岡敬子訳）を朗読した。丸岡城公園の脇に移築された、旧日向家住宅では、ゆかりある横光利一（妻が日向家出身で、たびたび訪れた）の『夜の靴』の朗読を行った。「つるおかルネサンスの会」は、ただ朗読を聞くだけではなく、歴史的な建物のなかである一定の時間を過ごしてほしいということから始まった。朗読のみならず、所有者の方に建物について説明していただく、ティータイムでの参加者同士の交流の場を設けるなど、約二時間のイベントは工夫が凝らされている。そしてこの二時間を通して建物のよさを味わってもらう。「この建物は長い歴史を見てきたのだと。私どもも、この建物のもつ空間の履歴に一ページを加えさせて

いただきましょうね」と必ず伝えるのだと國井さんはおっしゃっていた。建物の記憶に触れ、物語の続きを描いていくのである。

朗読イベントの参加者の中心はシニア世代である。朗読のテーマによっては、男性の参加者が多い回もある。しかし、若い世代を取り込むのは難しいという。だが、若い世代でも親しみやすいように、語りとともにパワーポイントを用いてイメージを膨らませやすくするなどの工夫を行っている。どうしたら二時間楽しんでもらえるか、いつも考えているとのことだ。こうした取り組みもまた、鶴岡の街にまつわる歴史や文化を次世代へと伝えようとするものである。

写真 3-29　建物内を國井さん（左端）にご案内いただく

國井さんは、「エビスヤプロジェクト」をきっかけとした旧ヱビスヤビルの活用も、これで完結ではなく、あくまでも通過点と捉えている。続けていくこと、伝えることに対する強い思いが、歴史的な建築物の活用や、そこでの地元作家の作品の朗読会といった活動を支える原動力になっているのだろう。

まちづくりや建築保存を専門とする研究室で学び、地元に根ざした研究者として日々鶴岡の街のあり方を考える國井さん。旧ヱビスヤビルの活用に関わるのは、まちづくりを理論的に考える人から市民として身近のコミュニティ維持や商店街の活性化について考える人まで、様々だ。イベントに参加したり、支援をしてきた人びとも数多くいる。國井さんのお話のなかの「いろいろなポジションの人がいて」という表現が、活動の姿を端的に表している。立場も目的もすることもそれぞれ異なる。それらは確かに異なってはいるが、最終的にひとつの成果として実を結ぶ。様々な人の思いが、この旧ヱビスヤビルにもう一度息を吹き込もうとしているのだ。

そして二〇一八（平成三〇）年七月、国の文化審議会は、旧ヱビスヤビルを登録有形文化財にするよう文部科学大臣に答申した。登録・告示されると鶴岡市内で一九番目の登録有形文化財となる。今また、旧ヱビスヤビルは新たな歴史を重ねようとしているのである。

参考文献

・大瀬欽哉『鶴岡百年のあゆみ—続・城下町鶴岡—』鶴岡郷土史同好会、一九七三年。

・大瀬欽哉・斎藤正一・佐藤誠朗編『鶴岡市史 下巻』鶴岡市役所、一九七五年。

・エビスヤプロジェクト『ヱビスヤでまちのあしたをつくる—旧恵比寿屋小池薬局ビルの活用可能性の検討—』、二〇一五年。

・春日儀夫編『目で見る鶴岡百年（付酒田）別巻 拾遺補充篇』エビスヤ書店、一九八一年。

・鶴岡市「鶴岡市中心市街地活性化基本計画」（平成二四年三月変更）、二〇一二年（https://www.city.tsuruoka.lg.jp/seibi/toshikaihatsu/syouko01tyukatsu.files/pi02297-01.pdf）（最終閲覧二〇一八年九月八日）。

・鶴岡市「鶴岡市歴史的風致維持向上計画」（平成三〇年三月 改訂）、二〇一八年（http://www.city.tsuruoka.lg.jp/seibi/rekishitekifuti/rekisikeikakunintei.files/H30.3rekimachikeikaku.pdf）（最終閲覧二〇一八年九月八日）。

・㈱守田治兵衛商店ホームページ（http://moritahoutan.jp/index.html）（最終閲覧二〇一八年九月八日）。

・「鶴岡の旧小池薬局恵比寿屋本店 登録有形文化財に答申」（『荘内日報』二〇一八年七月二二日付）（http://www.shonai-nippo.co.jp/cgi/ad/day.cgi?p=2018:97:22:8647）（最終閲覧二〇一八年九月八日）。

・山口泰文「歴史を語る建物たち 旧小池薬局恵比寿屋本店」『Future SIGHT』summer 2018 no.81、フィデア総合研究所、二〇一八年（https://www.f-ric.co.jp/fs/201807/08-09.pdf）（最終閲覧二〇一八年一二月一三日）。

（二〇一六年調査）

第四章　銀座通りの文化の拠点
――三井家蔵座敷――

一　アーケード街の蔵

松尾芭蕉が『おくのほそ道』の旅の途中、酒田に向けて船に乗った場所からほど近い大泉橋を渡り、鶴岡市中心市街地の鶴岡銀座商店街（以下銀座通り）を歩く。アーケードの下、きれいに整備された歩道を南西に進む。通りに沿って眼鏡屋、ハンコ屋、食品店などが連なる。すると突如目の前に歩道にはみ出した二階建ての蔵が現れる。これが三井家蔵座敷である。

一八六九（明治二）年、下肴町（現在の本町一丁目）を中心に約二六〇戸を焼失した大火が発生した。その後、母屋を火災から守るため、周囲に防火帯として建てられた土蔵のなかの一棟がこの建物で、大黒柱は三六センチメートル角、地棟は五八センチメートルの欅《ケヤキ》材を使用した豪壮な造りで、側柱は檜葉材を用いた総摺り漆塗り、窓は両開き、扉や壁には煙返しの蛇腹が付き、鼠除けの網戸を立てた江戸風の造りである。

蔵座敷とは、土蔵（外壁を泥と漆喰で塗った蔵）のなかでも格式が高く、婚礼や法事を行ったり、重要なお客さんを接待したりするために用いられた建物である。庄内地方においては、他に小規模な蔵座敷が三棟残っていることが確認されているのみであり、蔵座敷といえば一般的に華奢な造りが多いなか、三井家蔵座敷のような豪壮な様式のものは珍しく、鶴岡の歴史と文化を伝える貴重な建造物である。この建物は一九八九（平成元）年に、鶴岡市指定有形文化財に指定されている。

三井圭子さんは、この建物の所有者である三井病院理事であり、また保存と活用に取り組んでこられた方である。私たちから見ると、どこか不思議なこの三井家蔵座敷にまつわるお話をうかがった。

二　三井家蔵座敷を見学する

アーケードが掛かる銀座通りから、東側（蔵の裏手）に回ると、蔵の入口には風除室が設置されている。おかげで蔵の扉は雨や雪から守られ、きれいな状態で保たれている。また、見学施設として整備した際に、お手洗いも設置されている。蔵の内部に入るとお茶

写真 4-1　三井家蔵座敷　外観（東側）

の間が広がり、左手には階段がある。

一階は四室畳式（うち一室は仏間）となっている。四室の中心には、「一尺二寸（約三六センチメートル）の欅の木」の大黒柱がどっしりと構えており、この柱と襖で部屋を区切る造りとなっている。奥の部屋は、かつては生活スペースとして用いられていた。

写真 4-2　1階　風除室

階段を上ると、二階は二室畳式（うち一室は床の間付き広間）となっている。過去に冠婚葬祭で使われていたというのが納得できるほど広い。現在は襖を取り払っているため、更に広く感じられ、三井さんが歌の会などを開いていたこともある。また、一階で見た欅の大黒柱は二階でもしっかりと確認することができ、この蔵座敷を支えてきたことが一目瞭然である。その丈夫さから、東日本大震災の際にも、飾っていたお雛様の人形がわずか一体倒れただけであった。この欅の木の大黒柱を目当てに建築家たちが見学に訪れることもある。

写真 4-3　2階　中央が欅の大黒柱

三　運命の出会い

銀座通りでは、店舗などの建築のセットバックを行い、一九八九（平成元）年にアーケードを設置している。セットバックとは、敷地の一部を道路部分として負担するため、建築物の外壁を後退させて建築物を建てることである。セットバックによって、銀座通りでは、歩道側に面している建物の壁面がきれいにそろっている。もちろんこの三井家蔵座敷もその対象であった。しかし、三井家蔵座敷はセットバックされることはなく、当時のままの位置に残っている。なぜ残すことができたのか。それは運命の出会いがあったか

写真 4-4　歩道の敷石を見ると三井家蔵座敷がセットバックされていないことがわかる

らだ。

　当時、三井さんのご主人の盾夫さんは蔵座敷をどうするか悩んでいた。ある日、たまたま飲み屋さんで一緒になった大工さんに話したところ、後日見にきてくれることとなった。そして建物について調べてもらったところ、蔵造りの建物は屋根の掛かり方が普通の建物とは違い、セットバックのために途中で切断してしまうと構造的なバランスが取れなくなり、建物として使えなくなってしまうといわれた。また、物置としての土蔵は様々なところに存在するが、蔵座敷はなかなか存在しない。

　「これは残すべきでしょう」、という大工さんのひとことをきっかけにして、鶴岡市教育委員会による調査が行われた。そして市の資産として保存することになり、一九八九（平成元）年に三井家蔵座敷は鶴岡市指定有形文化財に指定された。ある意味、アーケード設置とセットバックがかえって三井家蔵座敷の価値を気づかせるきっかけになったともいえる。

四　三井家の歴史と銀座通り

　三井さんは新潟県上越市のご出身である。ご結婚を機に、ご主人の地元である鶴岡に移り住んでいる。三井さんが鶴岡にこられた当時、現在の三井家蔵座敷周辺には蔵が三棟あり（現在は蔵座敷の一棟のみ）、三井家の土地が広がっていた。盾夫さんのご職業はお医者さんであり、そのお父さんの三井徹さんもお医者さんであった。戦後、荘内病院に勤務したのち、一九四九（昭和二四）年に三井病院を開業されている。第一次ベビーブームの時代である。

　三井家のルーツは伊勢の商人である。初代の三井弥惣右衛門は、同じ伊勢出身の豪商三井家にちなみ、三井を姓としたとのことだ。江戸時代中期に鶴岡に移り住み、豪商・地主として名を高めた。三井家当主は代々弥惣右衛門を名乗ってきた。そしてこの場所は三井家が鶴岡で最初に手に入れた土地であり、手放すことのないようにと代々伝えられてきた。

三井さんから見るとお姑さんの三井糸さんのお父さんが、ドイツ文学者の三井光弥さんであり、八代目にあたる。この光弥さんから弥惣右衛門という名乗りをやめてしまった。同じくドイツ文学者で、ゲーテやヘッセの文学を紹介した、鶴岡市名誉市民第一号の相良守峯《さがらもりお》さんは後輩で、親交があった。荘内中学校から第一高等学校、東京帝国大学独文科とエリートコースを歩んだが、総領の責任から卒業後には帰郷し、ドイツ文学の紹介の傍ら、地方雑誌にも多くの文章を寄稿し、鶴岡の文学界に大きく貢献した。その光弥さんにドイツに留学するお話がきたとき、家族のことを思って長く家を離れるのは難しいと、相良さんにその話を譲ったというエピソードも伝わっている。

写真 4-5　三井光弥さん
★

三井光弥さんの弟に、安弥さんという方がいる。昭和天皇の侍従を務めた人で、二〇一五（平成二七）年に公開された映画『日本のいちばん長い日』にも登場する。

幕末の著名な志士、清河八郎とも三井家はつながりがあったそうである。ただ、清河の人物評価が分かれることもあり、あまり語られなかったようである。このように、幕末から明治、大正、昭和という近代の時代の大きな変化に関わる人物が、三井家から出ていたことがわかる。

一九七〇（昭和四五）年、三井さんの義父の徹さんはそれまでの病院を拡張して、産婦人科の病院を建設した。四階建て五一床の、この地域では大きな規模の病院であった。このときにそれまであった二つの物置蔵と畑を潰している。当時は第二次ベビーブームの時代。年間で一、五〇〇人以上の出産を手助けしたという。これだけの数になると病院はにぎやかになり、お見舞いにくる人で商店街もにぎわっていた。銀座通りの商店主たちからは、「三井さんのおかげ（で商売が儲かる）」という声が多数上がった。このように銀座通りの病院と商店街とは相乗効果をもたらし、街を盛り上げていた。

写真 4-6　1973（昭和 48）年ごろの銀座通り
中央やや左に三井家蔵座敷（茶色の壁面）が見える
★

写真 4-7　2018（平成 30）年の銀座通り
右写真の地点の現在の様子

五　新しい時代へ

　一九四九（昭和二四）年に開業し、一九七〇（昭和四五）年に拡張した産婦人科の病院は、二〇〇一（平成一三）年、郊外の美咲町に移転した。そしてこの場所には二〇〇九（平成二一）年からコーポラティブ方式の高齢者専用賃貸住宅「鶴岡元気シニア住宅クオレハウス」（以下クオレハウス）が建てられた。三井さんには、運営主体である合同会社クオレハウスの代表社員という肩書きもある。

写真 4-8「鶴岡元気シニア住宅クオレハウス」

　クオレハウスは、鉄筋コンクリート造の地上四階建て、総戸数二二戸で、建物の前には銀座通りに開かれた広場や庭が広がる。入居予定者が計画段階から参加し、設計プランや共用部のあり方を議論した。各住戸について、要望がある人には、きめ細かい個別設計対応も行われ、個々の障がいの特性や生活習慣に応じた住戸となっている。クオレハウスはプロジェクトの功績が讃えられ、二〇〇九（平成二一）年の都市住宅学会業績賞を受賞している。

　このクオレハウスの建設は、単なる病院の跡地利用というだけではない意味をもっている。それは鶴岡市が進めてきたまちづくりの一環としての「歩いて暮らせるまちづくり構想」（「あるくら構想」）のなかに位置づくものである。佐藤滋＋城下町都市研究体による『新版　図説城下町都市』によれば、クオレハウスは「あるくら構想」を牽引した「元気居住都心」プロジェクトであり、『中心市街地の衰退要因は、さまざまな世代や立場の人のニーズに応える住まいがまちなかにないから』という問題意識」に基づく「高齢者活動拠点の街区整備」としてスタートしたものである。行政、ＮＰＯなどの市民組織、建築士会などの地元専門家や大学などが結集したワークショップによって実現した空間は、本来の目的である「高齢者活動拠点の街区整備」に加えて、開放された広場を提供することで、近所の保育所の散策コースにもなるなど、「遊動空間の形成」にも大きく寄与している。

また、三井家蔵座敷の隣には三井さんがオーナーである喫茶店「茶寮　遊」が店を構えている。この場所にはもともとは惣菜屋、子ども用品店が立地していた。しかし、これらのお店が閉店した後は、シャッターを下ろした状態となっていた。昭和から平成へと時代が変わるころには、銀座通りも他の都市の中心商店街と同様に「シャッター通り」といわれるようになり、三井さんはなんとかしたいと考えていた。ある日、「銀座通りにお買い物をしにきても、お茶をするところがない」という話を耳にして、現在の喫茶店を営むことを決めた。外観は黒壁の蔵造りのような建物で、蔵座敷と好一対をなしている。そして店内はゆったりとした雰囲気で、自然の光が差し込む素敵な空間となっている。銀座通りを眺めながらの休息は格別である。

長年多くの鶴岡市民の方に利用された病院は、この場所から移ってしまったものの、「にぎやかだった銀座通りは衰退してほしくない」という三井さんご夫妻の思いは、今もこの銀座通りに残って、商店街を歩く人びとにいこいの場を提供している。

写真 4-9 「茶寮　遊」外観

写真 4-10 「茶寮　遊」内部

六　古い建物を活かす

鶴岡市では、毎年二～三月に「鶴岡雛物語」というイベントが開催されている。鶴岡は、徳川四天王の筆頭・酒井家が統治した城下町である。江戸時代、参勤交代で江戸から、また西廻り航路によって京の都から運ばれた雛人形や雛道具が、時代の大きな移り変わりのなか、藩主酒井家をはじめ旧家によって代々大切に受け継がれてきた。享保雛、有職雛、古今雛、芥子雛など、日本を代表する雛人形研究家を虜にした秘蔵の雛たちが奏でる雅の世界を鶴岡市内の各施設にて堪能することができる。

三井家蔵座敷では、鶴岡市の旧家である三井家のお雛さまがお座敷いっぱいに飾られる。幅二間の床の間にしつらえられた雛段を見上げると、優美な内裏雛の両脇に太刀持ちが控え、下段には、珍しい女楽士による雅楽七人囃子の美女たちがそろう。いずれも雛の名工といわれた原舟月の作である。雛道具や抱き人形などが並ぶ雛段からは、豪商三井家の代々の豊かさと、家族への深い愛情が伝わってくる。期間中は無休で、朝から夕方まで公開しており、近年では七〇〇人ほどの来客がある。三井家蔵座敷での展示・公開は三井さんが行っている。

写真 4-11　三井家蔵座敷のお雛様

最近は毎年一月四日に蔵とクオレハウスの間の広場で「銀座蔵びらき」が開かれている。そのときには餅つきをしてお雑煮を作ったりするなど、街のイベントに利用される機会も増えてきた。また、若いクリエイターたちの作品展などに利用されることもある。建物の雰囲気的にも、個展的なものはぴったりくるので、利用の希望も多いとのことだった。こうした建物の使い方は、三井さんの理解とご自身のアイディアによるところが大きい。

「茶寮　遊」にて、三井さんにお話をうかがっている際に、一組の観光客がやってきた。用件は三井家蔵座敷のなかを見せてほしいとの見学依頼であった。時期的には鶴岡雛物語の開催期間ではないため、「閉館中」の札を立て、希望があれば見学していただくという方法を採っている。鶴岡市の文化財保護条例には、公開に関する規定として、「教育委員会は、市指定文化財の所有者に対し、市指定文化財を出品し、又は公開することを勧告することができる」という条文がある。公開は必ずしも義務ではないが、見学を希望する人は年々増加してくる。しかし、仕事をしながら、文化財の管理・案内を所有者自身が行っていくことは容易ではない。個人の立場で文化財を所有することの難しさを垣間見た場面であった。

七　蔵座敷の思い出

現在クオレハウスが建つ場所に病院があった時代には、三井さんのお住まいも病院に隣接してあった。そのころは蔵座敷も生活空間の一部として使われていた。お姑さんの糸さんは、現在広場になっている部分にあった家が生活の場であった。そちらはライフスタイルに合わせてリフォームしたが、蔵座敷に関してはほとんど手を付けていない。唯一、二階に上がる階段に手すりを付けた程度とのことだ。

写真 4-12　2階への階段

蔵座敷には、糸さんのお仏壇もあり、奥は物置として、そこには糸さんの私物や徹さんのもの、代々受け継がれた品などが保管されていた。入ってすぐのお座敷にはテーブルを置き、お盆などにはお仏壇を拝んでくれた人にお茶を出したりしていた。徹さんと糸さんが年を重ねていくにつれて、住居としては使われなくなっていった。それでも徹さんは奥の方で白衣に着替え、廊下でつながっている病院に出て行った。

三井家蔵座敷は、鶴岡の豪商三井家の歴史を伝えているのはもちろんのこと、三井さんのご家族のこの場所での暮らしの思い出をとどめる場所でもある。

八　銀座通りと鶴岡の街への思い

先述のように、三井さんは文化財としての三井家蔵座敷を積極的に活用する取り組みをされている。鶴岡市役所やＮＰＯと協力し、二〇〇九（平成二一）年に三井家蔵座敷を会場に、街や人をつなごうという「和ぷろじぇくと」を開始した。

その一環として、三井家蔵座敷では、城下町・鶴岡に伝わる手工芸品「御殿まり」の展示会が開かれた。鶴岡市出身の画家・故齋藤求氏がデザインした図柄など、モダンな作品が並んだ。また三井さんは、先述のように若手のクラフト・雑貨を制作しているクリエイターに展示・販売スペースを貸すなどの取り組みも行ってきた。かつての豪

写真 4-13　三井さんにお話をうかがう

商の蔵座敷は、商店街の文化拠点へと変化した。

なぜこのような企画を実施するのか。三井さんは、古い街や建物に触れながらこれからのことを考えたとき、古いものを大事にし、守っていかなければならないと感じている。しかし、どこまで守るべきか、守り切れる限界というものがある。そして、単に古いものを残すことだけがよいのではなく、建物を活用して、時間が経てばこれが「古い」という価値に変わるということに気づいた。だからこそそうした価値づくりに貢献したいとお考えである。そこからは三井さんの所有者としての責任感や鶴岡への愛情を感じることができる。そして、この三井家蔵座敷から、「古い」という価値を知る、「新しい」文化が生まれていく。

参考文献

・大瀬欽哉・斎藤正一・佐藤誠朗編『鶴岡市史 下巻』鶴岡市役所、一九七五年。
・佐藤滋＋城下町都市研究体『新版 図説城下町都市』鹿島出版会、二〇一五年。
・東北出版企画編『鶴岡市六〇年誌』東北出版企画、一九八四年。
・佐藤晶子「三井家のお雛さま」『月刊SPOON』二〇〇八年三月号（http://www.spoonnet.jp/special/2008_03/04.html）（最終閲覧二〇一八年九月一五日）。
・「鶴岡元気シニア住宅クオレハウス」（https://www.yanagisawa-archi.com/works_cuore.html）（最終閲覧二〇一八年九月一五日）。
・「鶴岡市文化財保護条例」（http://www1.g-reiki.net/city.tsuruoka/reiki_honbun/r243RG00000320.html）（最終閲覧二〇一八年九月一五日）。

（二〇一五年調査）

第五章　流行と歴史を感じて

―ＧＩＮＹＯ　８２７―

一　商店街の洋品店

鶴岡駅から山王通りの商店街を歩いて、内川に架かる大泉橋を渡ろうかというところ、そのたもとに一軒の洋品店がある。お店の名前はGINYO《ギンヨー》827。白字で店名が書かれた緑色の看板が目を引く一方、周りの景色とも調和している建物である。建物全体が醸し出すモダンな雰囲気と、ショーウィンドウに書かれた、だじゃれとのギャップも面白い。大泉橋を渡ると、向かって右手に羊屋という洋品店がある。GINYO　827（以下GINYO）はこの羊屋の系列店にあたる。こちらも歴史のありそうな雰囲気のお店である。

GINYOの建物が建てられたのは一九三一（昭和六）年。紅繁洋品店として開業した、もうすぐ築九〇年を迎えようとしている建物である。木造二階建てだが、独特のファサードをもった洋風の外観が目を引く。設計者は荒武祐幸という、鶴岡工業学校（現在の鶴岡工業高等学校）の教員だった人物である。鶴岡山王商店街（以下山王商店街）の北の端にある寛明堂（第十一章で紹介している）も同じ荒武の設計で、通りの両端のランドマーク的建物は、同じ人物によるものなのである。

紅繁洋品店が商売をやめた後、一九七〇（昭和四五）年から、羊屋がテナントとしてこの建物を利用することになり、今日に至っている。佐藤勝三さんは羊屋の二代目の社長さんで、本店の羊屋では一九六〇（昭和三五）年から、GINYOでは開店当時から、と、半世紀以上にわたって鶴岡の「おしゃれ」をリードしてきた方である。佐藤さんに、GINYOのあゆみと鶴岡の街やファッションの移り変わりについてお話をうかがった。

二　店舗との出会い

現在のGINYOが入る建物、かつての紅繁洋品店は、先にも述べたように一九三一（昭和六）年に建てられた。ちょうどこのとき、大泉橋の架け替え工事も行われている（紅繁洋品店の完成のほうが架け替え工事の完了よりもいくらか早かったようだ）。

写真 5-1　架け替え後、間もないころの大泉橋
ＧＩＮＹＯの２階部分は現在の半分ほどしかない
★

『鶴岡市史 下巻』によれば、紅繁洋品店は、鶴岡最古の洋物小間物専門店であり、主人の石黒繁蔵は長沼村出身で、斎藤外市（発明家、実業家として知られ、とくに絹織物の織機の発明が有名）の遠縁にあたる人物であった。最初は大泉橋の南側に店を構えていたが、一八八三（明治一六）年の大火の後、橋の北側に店を移した。一八九九（明治三二）年の広告に書かれた取扱商品には、カバンや傘、帽子といった商品の他に、ピストル銃や猟銃といったものも見られる。紅繁洋品店は昭和に入ってからも、鶴岡市内で三本の指に数えられる大き

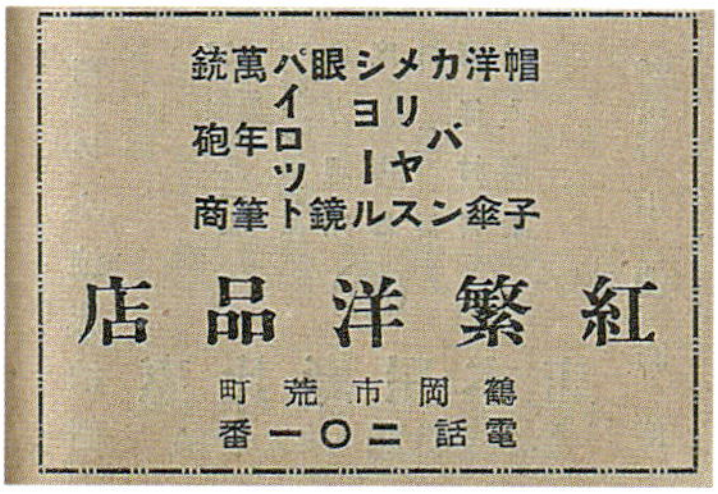

写真 5-2　1933（昭和８）年の紅繁洋品店の広告
『鶴岡市案内』

写真 5-3　木村屋菓子店（現木村屋）

写真 5-4　菅原市郎治商店の旧状
（2014 年8月 29 日撮影）

な洋品店であった。一九三三（昭和八）年刊行の『鶴岡市案内』という本にはその広告が掲載されている。ここでも扱っている商品は実に幅広い。こうした商売に勢いのある時期に現在の建物が建てられたのだろうか。

アールデコ調の橋と洋風の外観をもつ建築の組み合わせは、界隈を通る人の目を引いたことだろう。すでに山王商店街には、寛明堂（一九二〇（大正九）年建築、のち一九三四（昭和九）年増築）、木村屋菓子店（一九二四（大正一三）～二五（大正一四）年ごろ建築）、菅原市郎治商店（昭和初期建築）といった洋風建築や三階建ての建物が並び、モダンな雰囲気を醸し出していた。

建物は戦後も引き続き洋品店として使われ、農家の人も町場の女性たちも訪れる、人気のあるお店であったようだが閉店し、しばらくの間空き家になっていた。その後、羊屋の先代の社

長さんのところに、山王商店街でお店を営む方から、いい物件だから借りないか、という話がきた。全く知らない人に借りられるよりも、すぐ近くで商売をしていた羊屋が借りるほうが安心と考えられたのだろう。二つ返事で借りることにした。

ところが実際には建物の状態は決してよいとはいえなかった。調べてみると、建物自体が南側に傾いている状態だった。昭和三〇年代にもすでに一度傾きを修正する措置が取られていた。大工さんに修理を頼もうとしても、なかなか引き受けてもらえず、やっとの思いで説得して直してもらうことになった。ワイヤーロープで引っ張って、傾きを直した。当時は前に軒が出ていたが、そうした余計なものは取り払った。一部が腐ってしまっていた柱も改修して、営業開始に備えた。

当時は山王町というよりも荒町という名のほうが通っていた。呉服屋さんの多い、歴史の長い街に、新たに洋品店を出すことになった。新興のＧＩＮＹＯは、表通りである銀座通りよりも、山王通りに店を出すほうが向いていると当時は思っていたという。

今でこそ、扱う商品と店舗の雰囲気がよくマッチしているように思えるＧＩＮＹＯだが、それは予め想定されていたというよりも、偶然両者が重なったということのようだ。

写真 5-5　前を通る人の目を引くファサードの装飾

三　商人へのあゆみ

佐藤さんが生まれたのは、現在は鶴岡市の一部になっている旧東田川郡山添村である。同郷には、昭和を代表する名横綱、柏戸（本名富樫剛）がいる。柏戸は佐藤さんの四学年上で、お兄さんと同級生。佐藤さん自身は柏戸の弟さんと同級生だったため、学校が終わるとよく兄弟そろって家に遊びにきていた。

佐藤さんの家業は農家で、お米を作っていた。六人きょうだいの三男で、戦時中の生まれ。そのころには親戚が多く兵隊に取られ、働き手を失って耕作できなくなった田んぼを預かって米作りをしていた。そのため、全国的には食糧難の時代の割に、比較的豊かな環境で育った。

子どものころの記憶に残っている建物として、現在鶴岡市役所の向かいにある、旧藩校致道館の聖廟がある。聖廟と廟門（仰高門）は、一八七八（明治一一）年に、山添村の八幡神社に売却され、境内に移築されていた。佐藤さんにとって、そこは長靴を履いて友だちとかくれんぼをして遊ぶ、そんな場所だった。致道館は一九五一（昭和二六）年に国の史跡に指定され、一九六五（昭和四〇）年から保存修理の工事が始まった。そして一九六八（昭和四三）年、聖廟と廟門は八幡神社から元の場所に里帰りする。そのときには鶴岡で働いていた佐藤さんは、思いがけず懐かしい建物と再会を果たした。

同級生たちは多くが東京に出て行った。家出同然に仲間で上京し、上野の駅で連れ戻される、といったこともある時代だった。それでもまだ当時は、家業を継ぐのが主流の時代である。友人たちは、それまで商業とはあまり関わりのなかった佐藤さんが商人になるとは思っていなかったという。

佐藤さんが羊屋で働き始めたのは一七歳のときのことで、夜間高校（今でいう定時制高校）に通いながら、アルバイトとして働いた。以来、現在に至るまで一貫して関わり続けている。

中学卒業後、ただちに高校には進学せず、様々なところに勤めていたが、やはり高校に進学しなければと考え、夜間高校に通いだした。

佐藤さんの時代は、中学校の英語は必修科目ではなく、英語か農業を選ぶことになっており、多くは農業を選んだ。佐藤さんもその一人だった。ところが高校に通うと英語を勉強しなければならない。だが、いい先生に出会えたことで、しっかりとよい成績を取ることができた。柔道にも取り組み、学校と仕事の二足のわらじを履く青春時代を送った。

写真 5-6　旧山添村の八幡神社にあった致道館の聖廟
昭和戦前期絵葉書

写真 5-7　大泉橋を挟んで向かい側にある羊屋
佐藤勝三さん提供

高校を卒業して、同級生の多くが東京に出て行くときも、佐藤さんは鶴岡に残ることを選んだ。そしてアルバイトとして始めた仕事が、今日まで続くものとなった。創業者である先代の社長さんの後を継いで、佐藤さんが二代目の社長になるが、最初は二人でこんなに会社を続けるとは思わなかったとのことである。

四　時代を創り出す

佐藤さんが羊屋で働き始めたのは、高度経済成長が始まる一九六〇（昭和三五）年のことだ。羊屋を創業した先代の社長さんは、東京出身で、いわゆる戦災孤児だった。ご実家はもともと東京で洋品店を営んでおり、親族には著名な政治家や俳優の着る洋服を仕立てていた人もいる。

一七歳だった佐藤さんが働き始めたとき、先代の社長さんは一〇歳年長の二七歳。若い人びとが始めたお店だった。先代は佐藤さんにいろいろなことを教えてくれた。商人の家に生まれたわけではない佐藤さんを、「俺と同じくらい一生懸命頑張れば、お前も大丈夫だ」と励ましてくれた。ときには口うるさく「歴史をよく勉強しなさい」といわれた。佐藤さんがお客さんを二、〇〇〇人覚えるなら、五、〇〇〇人を覚えるような人だった。当時はお客さんの名前と住所を完璧に覚えなければならず、その競争をしていた。名前と住所は手紙を出す際に必要な情報だからだ。今と違ってパソコンに入力して管理すればよい、という時代ではない。その日の仕事は翌日に持ち越さない、全部その日のうちに片付けてしまう、いわゆるモーレツ社長だった。そんな社長さんの薫陶を受けた佐藤さんも、いつかは先代を超えてやろうと思って働いた。だがなかなか超せなかった。商人は、そうした気概やチャレンジ精神がないと前に進めない、佐藤さんはそうおっしゃっていた。

羊屋という店名は、洋服屋の代名詞のような、そんなイメージで付けられたものだ。銀座通りで呉服屋を営んでいた小池さんという方が付けてくれた。同名の著名な洋品店が東京にもあるが、関係はないとのことだ。お客さんからは、ときどき「（東京の羊屋の）分家か？」と尋ねられたこともあったという。ちなみにＧＩＮＹＯは、漢字で書くと「銀羊」になる。こちらは羊屋の支店として、その一字を冠しているのである。

羊屋は、スーツなど、どちらかといえばフォーマルな洋服を扱っている。かつては、役所に勤める人は月賦で羊屋の洋服を買って着ないと一人前の仕事はできない、などといわれていたこともある。中央官庁から赴任してきた人も、こぞって羊屋で服を買った。以前はネクタイやワイシャツなどは置いていなかった。洋服を売ったほうが利益になるからである。もともとが江戸っ子の先代の社長さんは、値引きもしない、お客さんにお茶も出さないという、昔気質の商売人だった。多いときには羊屋だけで七、八人の従業員を雇っていた。ときには佐藤さんよりもずっと年上の後輩が入ってきたこともある。生意気な態度を取ったときでも、柔道で鍛えた佐藤さんは、腕っぷしでは負けなかった。今ではなかなか考えられないが、かつてはそういった雰囲気の時代だったのである。

一方、GINYOではカジュアルな商品を取り扱っている。どのような経緯でカジュアルファッションの取り扱いを始めたのだろうか。

その大きな理由は、先代の社長さんがアメリカに行って、アメリカンカジュアルに触れたことだ。メーカーの人と一か月間アメリカ旅行に行き、直に現地のブランドに触れ、その影響を受けた。もうひとつ、東京に行ったとき、かつての同級生に、「普通の洋服屋さんをやっていてもあと何年ももたないよ」といわれたことで一念発起し、カジュアルショップを作るという手に打って出た。そしてGINYOを始めることになった。時は一九七〇（昭和四五）年。時代を考えればかなり挑戦的であったに違いない。

ちなみに店名の827とは、山王町八―二七、つまり番地を表したものである。当時のアメリカではそういった店名（番地を付けたナンバーショップ）がスタンダードで、そうした雰囲気も取り入れた。こうしたところにも時代を先取りしようとする気概が表れていたのかもしれない。

当時VAN（ファッションデザイナーの石津謙介が立ち上げたブランド。一九六〇年代に大流行した）やJ．PRESS（二〇世紀初めにアメリカで創業したファッションブランド）など

写真 5-8　827の「8」の由来は山王町「8」番地

写真 5-9　昔の看板の跡が残る

写真 5-10　年期の入ったドアの取っ手

写真 5-11　ドア上部に取り付けられた店名のプレート

写真 5-12　ショーウィンドウにはだじゃれと
有名ブランドのロゴが仲よく並ぶ

写真 5-13　ワイシャツやジーンズが並ぶ店内

のブランドものを置く店は鶴岡ではＧＩＮＹＯが唯一の存在であり、若い人たちの間ではＧＩＮＹＯで買い物をして格好のいい服を着るということがステータスになっていたという。行ったことがないのに「俺はＧＩＮＹＯの客だ」とうそぶく人がいるほど、人気を集めていた。つまり、ＧＩＮＹＯが鶴岡の流行を創り出していたのだ。流行の服は郊外のショッピングモールで買う、というのがあたりまえのようになっている現在から考えると、ひとつの店がその街全体の流行を創っていたということに驚く。

かつてはＧＩＮＹＯの店内に喫茶店を設けていた時期もあった。ただそれは現代の流行のカフェのようなものを作るというよりは、場所を埋めるという意味合いのほうが強かったとのことである。当時は商品を大量に購入するだけの余裕がなく、かといって店の空間をただ空けておくわけにもいかない、ということで喫茶店を始めた。ここには若者が多く集まった。初めてここでレモンスカッシュを飲んだという思い出をもつ人もいる。ところが一時は不良のたまり場になってしまったこともあった。若者文化はときに逸脱と隣り合わせでもある。この喫茶店は一〇年ほど続いたが、時代の流れにより閉店した。このころにはアイビールックから、ちょっとした不良っぽさが受ける時代へと移り変わっていた。

当時としては流行の最先端であったアメリカンカジュアルを取り入れるという、地方都市ではかなり挑戦的な取り組みの成功こそが、ＧＩＮＹＯという洋品店が鶴岡の若者たちのファッションをリードするきっかけとなり、その記憶は、かつての若者たち、現在は社会の中心を担う人びとのなかに残っている。

五　街の変化のなかで

佐藤さんは長きにわたる羊屋とＧＩＮＹＯでのお仕事を通じて、様々な人びとと関わってきた。

ＧＩＮＹＯが始まってから今日まで、ずっと働き続けている店員さんがいる。勤続四〇数年の大ベテランだ。大きな病気をされた後も、復帰してＧＩＮＹＯのお店に立ち続けている。佐藤さんも認めるほどの努力家だそうで、信頼も厚い。これだけ長きにわたって勤め続けられるというのは、居心地のいい働き場所であるということなのだろう。

街の人びと、とくに商売をする人との交流もあった。近くにあった洋品店は、もともとは男性用の洋服を扱っていたが、ＧＩＮＹＯができると婦人服に切り替えて利益を上げようとした。こう書くとライバル同士のようなイメージになるが、実際のところは結婚式に呼ばれたり、一緒にお酒を飲んだりと非常に親しい仲であった。鶴岡という街、特に商店街で長く生活をすることで、深い人間関係が作られていった。ただ漫然と日々を過ごしているだけではこうした関係はできないだろう。それは佐藤さんの人柄や、商店街の結束力によってできあがったもののように思える。

羊屋の商売が一番よかった時代は、やはり一九六〇（昭和三五）年ごろのことだ。高度経済成長のもとで、消費が急速に伸びていった。当時は、朝一番に銀行勤めの人たちがお店にやってきた。すると今度は別の職業の人たちがやってきて、議論を始める。当時は店内に長椅子を置いてあり、洋品店は大人たちの社交場であった。佐藤さんは、仕事をしながら彼らの話に熱心に耳を傾けた。それが貴重な耳学問になっていたという。

一方で、二度のオイルショックのダメージは大きかった。「糸偏」（いとへん。一種の業界用語で、繊維業界やアパレル業界などを指す）は、材料価格の高騰によって商品の値段も上がる。そうなったときに家計のなかで真っ先にカットされるのが旦那さんの洋服だ。日本経済全体が被った打撃は、羊屋の商売にも強く影響した。

時代とともに商売の形も変化していった。大型店の進出とともに、中心商店街の衰退も始まる。この界隈の風景を大きく変えたのが、一九九四（平成六）年に行われた、内川の護岸工事である。川沿いにあった店は移転して、歩道が整備された。現在泉町の公園にある公衆トイレ（旧鶴岡町消防組第八部消防ポンプ庫（一九二〇（大正九）年ごろ建築））は、以前はＧＩＮＹＯのすぐ脇のところにあった。それまでは、川沿いに建物があったために、川風を感じることはなかったが、この工事以後はお店にも風があたるようになった。

写真 5-14　登録有形文化財になっている公衆トイレ
（旧鶴岡町消防組第八部消防ポンプ庫）

写真 5-15　1994（平成6）年に護岸工事が行われる前の内川端の風景
★

ＧＩＮＹＯは、大泉橋と調和したそのたたずまいから、一九九三（平成五）年度の鶴岡市都市景観賞を受賞している。最近は建物を眺める人の姿

写真 5-16　南側からの大泉橋の眺め（昭和初期）
左手に紅繁洋品店、右端に菅原市郎治商店
★

写真 5-17　2018（平成 30）年の大泉橋
右写真の地点の現在の様子

も多く目にするようになった。しかしながら、すでに建てられてから八〇年をゆうに超える建物である。経年劣化を免れることはできず、強い雨風のときには心配になるとのことだ。GINYOを開店する際に修繕した部分も、すでに五〇年近く経過しており、更新の時期を迎えようとしている。外観は今も十分綺麗な建物ではあるが、今後の維持管理は容易ではないようである。

六　商売への思い

佐藤さんは鶴岡の中心商店街で、長きにわたってご商売をされてきた。長い年月のなかで時代の最先端を捉え、地域に発信しながら、様々な人びととの交流をもってきた。そのなかで培われた商売に対する考えや思いというものがある。

先にも触れたように、佐藤さんは、この世界へと導いてくれた先代の社長さんへの思いを今も強くもち続けている。接客の仕方、仕事に対するたゆまぬ努力。それらを佐藤さんはしっかりと受け継いでいる。名前や住所を覚えることは、事務処理やお客さんに手紙を書くために必要なことだ。だが、そうすることの意味はそれだけにとどまらない。お客さんは、名前や顔を覚えてもらうことで、お店への親近感を覚え、足を運びやすくなるのではないか。実際に私たちが山王商店街の人にお話をうかがってみても、GINYOや羊屋で買い物をすることに特別な価値を見い出している人が多い。それを佐藤さん自身も感じているという。こうした関係性もまた、この店が愛される理由なのではないだろうか。

佐藤さんは、民間の力というものを、長いキャリアのなかで実感してきた。何をするにも時間のかかる役所をあてにするよりも、自分で稼ぐことへのこだわりがある。「私は会社つぶしたってまた会社やりたいもんね」、とおっしゃっていた。

そして、月給取りにはなりたくない、勤め人にはなりたくないとも思っていた。佐藤さんにも、会社勤めの経験があるし、羊屋でのスタートはアルバイトだった。しかしお話をうかがっていると、何よりも商人としての誇りやプライドのようなものを感じる。

今でも、先代の社長さんに教わったことは何でもやろうと思っている。しかし、そう思っていてもなかなか超せない。七〇代になった今も、そして死ぬまで、先代を超えるのが夢だ。羊屋とGINYOの商売がこのように長く続いているのも、目標とする人がいるからではないだろうか。たとえその人に遠く届かなくても、目指すことはずっとできる。佐藤さんの優しい語り口のなかに、強い意志を感じた。

鶴岡のトレンドを創り出し、今なお様々な人びとから愛される。こういったお店の存在は、街にとっても貴重である。ＧＩＮＹＯの魅力は建物にだけあるのではない。その格好よさは、商売への思いを胸に抱く佐藤さんの志とともにある。

写真 5-18　佐藤さんにお話をうかがう

参考文献

・大瀬欽哉『鶴岡百年のあゆみ―続・城下町鶴岡―』鶴岡郷土史同好会、一九七三年。
・大瀬欽哉・斎藤正一・佐藤誠朗編『鶴岡市史 下巻』鶴岡市役所、一九七五年。
・春日儀夫編『目で見る鶴岡百年（付酒田）下巻』エビスヤ書店、一九七八年。
・春秋庵獲麟編『鶴岡市案内　附、三温泉、善宝寺、三山神社』エビスヤ書店、一九三三年。
・山王町家再生協議会『平成二五年度　歴史的風致維持向上推進等調査「歴史的価値と現代的価値の双方からの建築物評価をもとにした地域のあり方共通認識形成の試行等（山王町家再生協議会）」報告書』国土交通省都市局、二〇一四年（http://www.mlit.go.jp/common/001038824.pdf）（最終閲覧二〇一八年九月一六日）。
・山形県教育委員会編『山形県の近代化遺産―山形県近代化遺産総合調査報告書―』山形県教育委員会、二〇〇一年。

（二〇一七年調査）

第六章　人と文化が集まり、次世代へ

―阿部久書店―

一　鶴岡唯一の古書店

　明治時代の町家建築と大正・昭和期の洋風建築が多く残り、往時の商店街の隆盛を今に伝える鶴岡山王商店街（以下山王商店街）。この街並みに、ピッタリとはまるたたずまいの古書店がある。木枠のガラス戸越しに見える書棚には、廉価な本がずらりと並び、掘り出し物を探す読書好きの姿が見える。扉を開けて店内に入ると、郷土史関係の古書が整然と出迎えてくれる。天井まである高い書棚の脇には、きれいなテーブルがあって、カフェのような雰囲気だ。その一方で、いかにも昔ながらの古書店らしい、雑然と本が積まれているような一角もある。新刊書も扱われていて、週刊誌を求める常連のお客さんもやってくる。

　阿部久書店は、現在は鶴岡で唯一となった古書店である。厳密にいえば、古書店兼新刊書店である。一八八七（明治二〇）年創業の老舗であり、現在の建物は一九七〇（昭和四五）年に建てられたものだ。この界隈ではどちらかといえば新しいほうなのかもしれない。だが、その落ち着いた色合いや雰囲気は、周囲の景観に見事にマッチしている。

　阿部等さんは、この阿部久書店の五代目店主である。同時に、山王商店街のメンバーとして、まちづくりに熱心に取り組んでこられた方でもある。阿部さんに、お店と街の歴史、そしてまちづくりの活動についてお話をうかがった。

二　古書店に至るまで

　阿部久書店の創業は、先述のように一八八七（明治二〇）年。ただし当初から書店を営んでいたわけではなく、この場所でのルーツはもう少し前まで遡ることができる。阿部久書店のもともとの店名は阿部久商店である。商標は、屋号で「阿部久四郎商店」となっていた。阿部久商店は、綿や布団などを扱う卸問屋であり、ここに移ってきたのは明治初めごろと伝わっている。江戸時代までは大山のほうで商売を営んでいたとのことだ。明治以前のことについては、菩提寺の過去帳が

写真 6-1　大泉橋たもとの船着場　橋も架け替え前の眼鏡橋
★

一九五五（昭和三〇）年に焼失してしまい、詳しいことはわからなくなってしまっている。

　山王商店街の南端、大泉橋のたもとには、船着場があり、物流の拠点としてにぎわっていた。そこで古い着物や綿といった商品を仕入れる卸業が、創業当初の阿部久商店の商売であった。

写真 6-2　昭和初期の荒町通り
左に見える「大売出し」の幟があるのが阿部久書店
★

　明治一〇年代には界隈の郵便局を受け継いで、荒町郵便局も営んでいた。当時は半分は綿屋で、もう半分は郵便局、といった形態であったようだ。郵便局は昭和の時代に入っても続けられ、阿部さんのお祖父さんが引退する際にやめることになり、書店一本になった。当初は貸本屋と古書店としての営業で

写真 6-3　阿部久商店の大売り出し告知の絵葉書
★

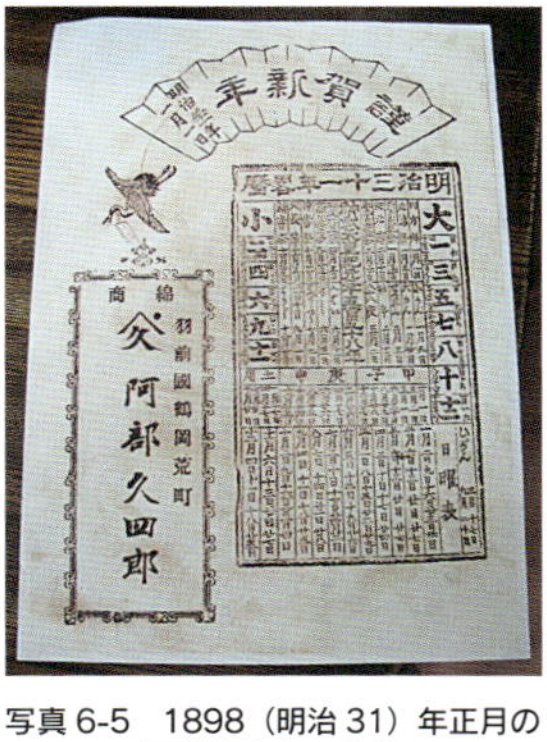

写真 6-5　1898（明治 31）年正月の
阿部久商店の広告

写真 6-4　明治末から大正初期の阿部久書店店内
積まれた本の上に蓄音機が見える
『目で見る鶴岡百年』上巻

あった。新刊書はお金持ちしか買えない時代で、この時代に新刊書を扱っていたのは、市内では現在の銀座通りにあったエビスヤ書店（現在の「まちづくりスタジオ　鶴岡Ｄａｄａ」（旧セントル）の場所）くらいで、阿部久書店で新刊書を扱うようになったのは昭和になってからのことである。一九一三（大正二）年刊行の『荘内案内記　西田川郡之部』という書物には、鶴岡市内の書店として六軒の名が見え、阿部久書店については、「荒町、格安書籍を販売し、傍ら製綿を販売する」とある。

大正時代の阿部久商店が作成した絵葉書が鶴岡市郷土資料館に保管されている。そこには、大売り出しの幟や看板が写っている。このころの建物は、石置き屋根で、店頭にはうずたかく積まれた真綿の束のようなものが見える。この時期の阿部久商店は、製綿に真綿、古着、新本と古本、蓄音機、レコード類と、手広く扱っていたようだ。

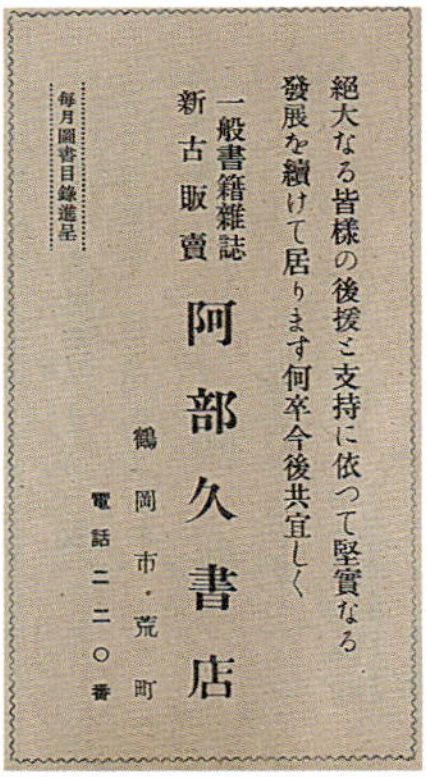

写真 6-6　1938（昭和 13）年の
阿部久書店の広告
『鶴岡商工人名録』

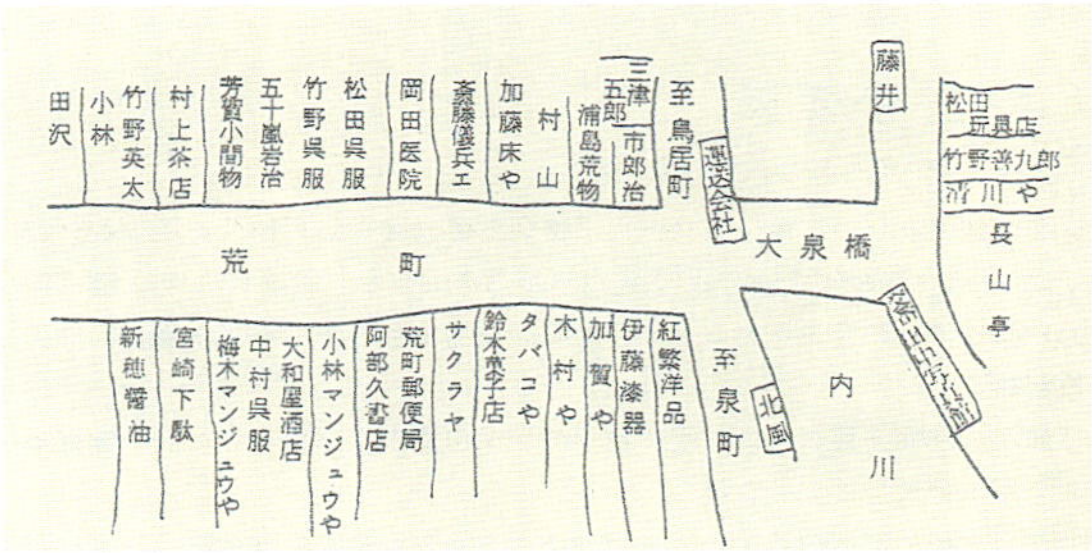

写真 6-7　明治末～大正初めの荒町界隈
『鶴岡雑記帖』

三　受け継がれる仕事

阿部さんは、物心ついたときから、たくさんの本に囲まれて育った。大学時代を東京で過ごし、卒業後二年ほどは、東京で働いた。この間には海外に出ていたこともある。鶴岡に帰ってきたのは二五、六歳のとき。ちょうど昭和から平成に変わった年だった。お父さんが病気になったのがきっかけだった。

そのころは、古書がお祖父さん、新刊書がお父さんという形で分担しており、阿部さんは新刊書を任されることになった。そして現在は古書も扱っている。

古書の目利きについては、その道では名の通った阿部さんのお祖父さんの整一さんからも教えてもらったことはないという。最初は何が高くて何が安いのか、全然わからないところから始める。そして先達の目利きを自分で見て、盗むしかない。わかってくるまでに一〇年ぐらいはかかるとのことだ。一種の職人の世界である。

私たちがうかがったときに、阿部さんが見せてくださったいくつかの古書がある。ひとつは料理の指南書である。正月のときの料理の作り方などが書いてある。かつて料理本は希少なもので、価格も高く、板前さんたちも買うことができなかった。だから見せてもらって書き写したのだという。

もうひとつは岩手の人が書いたという、サバイバル（もちろん当時はこんなことばはなかっただろうが）の指南書である。元禄時代にあるお医者さんが書いたものを、天保時代に別のお医者さんが発刊したものだ。飢饉に見舞われて、お米が食べられなくなったとき、薬草や山菜をどのように調理して代用食として食べるか、といったことが絵入りで書いてある。ヤマセなど、自然環境の影響を受けやすかった岩手ならではの本である。木版刷りで、手で彫ったものを一枚ずつ刷って、合わせて本にするので、大変手間がかかったものである。

こうした価値あるものが、鶴岡では現在もたくさん出てくるとのことだ。その理由は、みんな捨てずに取っているからだという。土蔵があるので、収納スペースが広く、保管したまま忘れてしまう。いつの間にか代替わりして、その存在が忘れられていたのが、家を直す際に、どっと出てくる。だから鶴岡は宝の山だといわれる。

このような、人知れず保存されている、資料的価値の高いものを調べるのも、お祖父さんから阿部さんが受け継いだ仕事である。そうした調査から見つかるものには、資料的価値の高いもの、骨董的価値の高いものとがある。両者は似ているようで、性格を異にするものである。

阿部久書店では、月に一回、「古書月報」を発行している。新たに入荷した本を一冊一冊入力したリストで、一回につき約一、〇〇〇冊が掲載される。これも阿部さんのお祖父さんが昭和三〇年代の後半ぐらいから始めたもので、当初は郵便で、現在はPDFファイルがメールで配信されるようになっている。

古書店として有名な阿部久書店であるが、一時期は出版を行っていた時代がある。これも阿部さんのお祖父さんのお仕事だ。そのひとつに江戸時代の鶴岡城下を描いた絵図（「鶴ヶ岡城下絵図」）の復刻がある。一九七二（昭和四七）年に文政期のもの、一九八二（昭和五七）年に元禄期のもの、そして二〇一一（平成二三）年には阿部さんによって江戸中期の安永年間のものがそれぞれ復刻されている。

阿部さんのお祖父さんである阿部整一さんは、大泉散士というペンネームでもって、『荘内史夜話』、『私の鶴岡地図』、『庄内と人物』をはじめとして、三〇冊あまりの郷土史・郷土文学に関わる書物を著している。これらは聞き書きの手法で、「正史」には書かれないような鶴岡という街のエピソードを集めた珠玉のエッセイである。その功績から、一九七三（昭和四八）年には第一六回高山樗牛賞を受賞している。

写真 6-8　大泉散士こと阿部整一さん

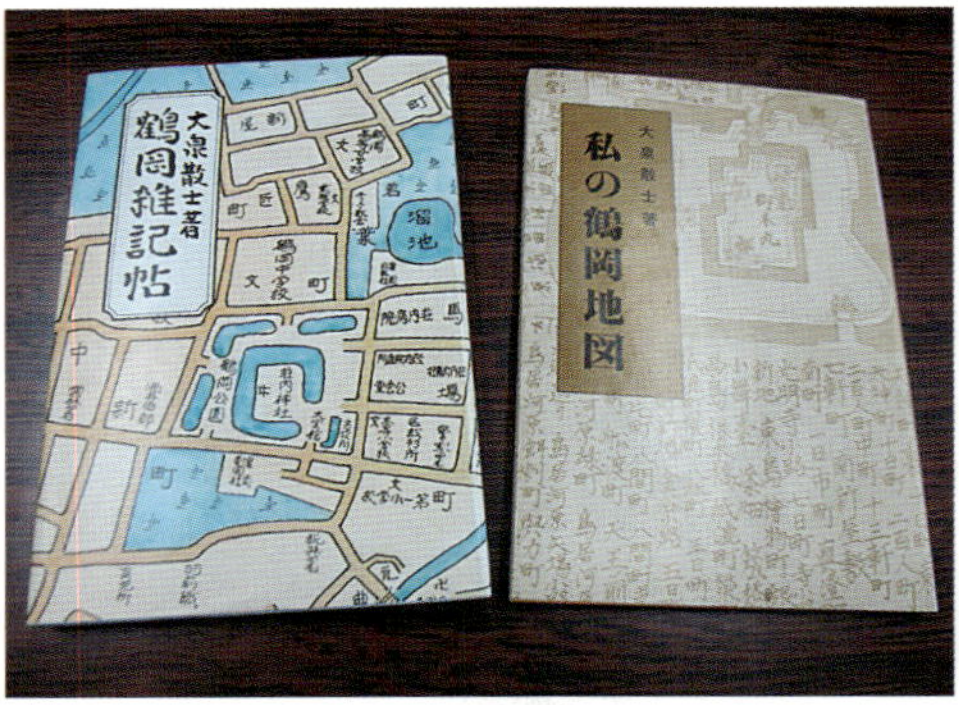

写真 6-9　大泉散士の著作

整一さんは、書店の二階に文学サロンを設け、そこには藤沢周平、丸谷才一、横光利一といった、鶴岡が生んだ作家たちが集った。この時代、阿部久書店は、単に本という文化をただ「売る」だけではなく、人びとの文化を「交流」させ、新たに「生み出す」場所でもあったのだ。

そんな阿部整一さんの姿は、多くの人びとの記憶に今も残っている。子どものころ、漫画本を覗きに阿部久書店に立ち寄ったことがある人には、いつもこたつにあたって、一心に書きものをしていた整一さんの印象が強くあるとのことだ。

阿部さんご自身も、そんなお祖父さんを見て育った。そのお仕事をお祖父さん、お父さんから受け継ぎ、書店としての創業から一三〇年を過ぎた老舗を今日まで守っている。

四　山王商店街のまちづくりとともに

現在の阿部久書店の建物は、一九七〇（昭和四五）年に建て替えられたものである。そして二〇一二

写真 6-10　改修前のお店の姿を描いた絵

写真 6-11 「本の外壁立ち読み空間」

写真 6-12 「うんちくの窓」

（平成二四）年に改修され、現在のようなきれいでおしゃれな姿になった。二〇世紀から二一世紀に移り変わるころに鶴岡を訪れたときには、大きく「本」と書かれた看板と、店頭にまで平積みにされた古書の山が印象に残っている。

この改修は、山王商店街の街路整備の一環として行われたものだ。歩いて暮らせるまちづくりから派生した取り組みとして、街路整備を行うこととなり、それに合わせて個店の改修にも着手することとなった。その際、お店のなかにちょっと座って話をできるようなスペースを作りましょう、といったことが進められた。佐藤滋＋城下町都市研究体の『新版 図説城下町都市』には、個店改修の事例として阿部久書店が紹介されている。個店を共空間として整備し、店内の空間にはそれぞれ「本の外壁立ち読み空間」、「もてなし空間」、「うんちくの窓」、「くつろぎの間」といった意味づけがなされている。

街路整備や個店改修といった形でのまちづくりの理念は二〇〇五（平成一七）年一二月に締結された「山王まちづくり協定」の「山王まちづくり一〇ヶ条」に謳われているものである。

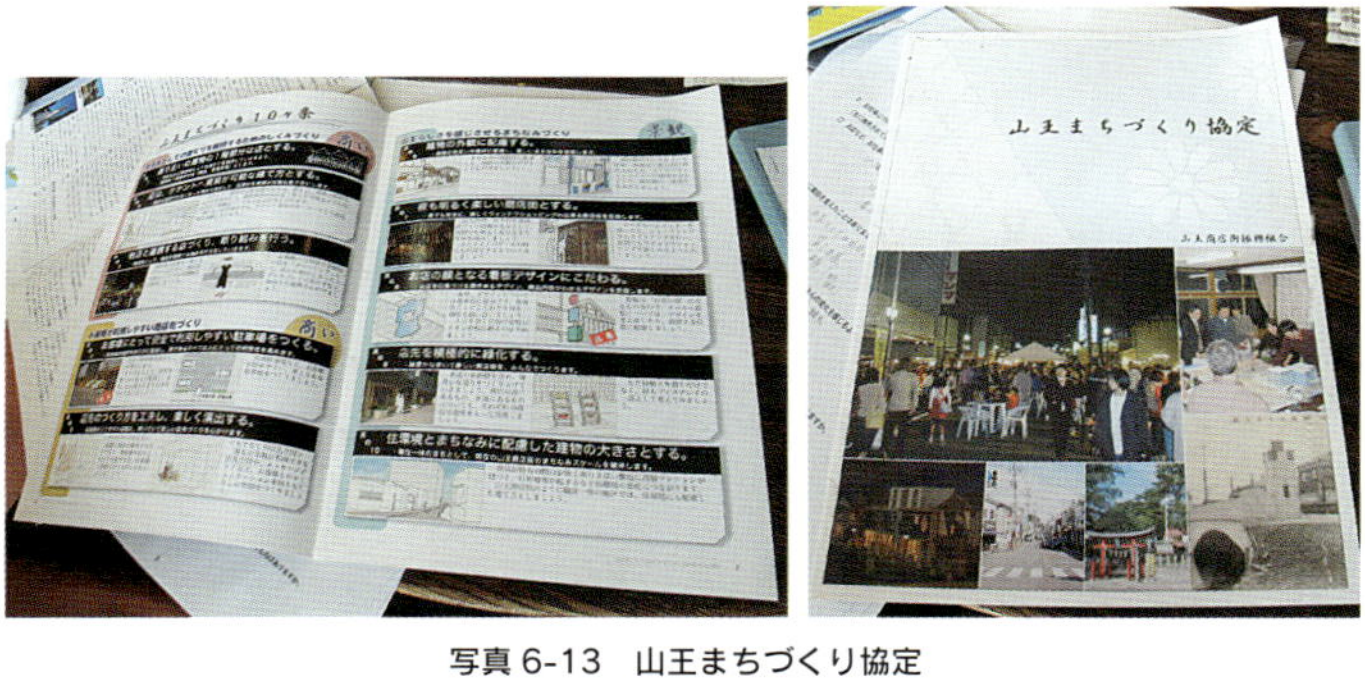

写真 6-13 山王まちづくり協定

その内容は次のようなものだ。

其の一　通り沿いの建物の一階部分は店とする。
其の二　店は、テナントへの賃貸が可能な建て方とする。
其の三　他店と連携する店づくり、取り組みを行う。
其の四　お客様にとって安全で利用しやすい駐車場をつくる。
其の五　店先のつくり方を工夫し、楽しく演出する。
其の六　建物の外観に配慮する。
其の七　夜も明るく楽しい商店街とする。
其の八　お店の顔となる看板デザインにこだわる。
其の九　店先を積極的に緑化する。
其の十　住環境とまちなみに配慮した建物の大きさとする。

このまちづくり協定は、商店街の人びとの主体的な取り組みと、早稲田大学をはじめとした大学の研究者や学生さんたちの連携協力のもとで作られたものだ。商店街が一丸となってまちづくりを進めるという計画には、当時の市長さんもゴーサインを出し、実行に移された。

山王商店街を歩いてみると、これらが実際に行われていることがよくわかる。昼間は歩道に等間隔に並べられた植木鉢の花が目に留まり、そして夜には暖かい印象の街灯が足元を照らす。どこか外国の街のような雰囲気である。しかもシャッターがなく、ショーウィンドウを覗けるお店が多い。下りるシャッターがないから、「シャッター商店街」といった感じにもならない。

こうしたまちづくりの取り組みは、行政主導で行われたものではない。商店街の自発的なまちづくりが、やがて行政にもインパクトを与えていくという事例である。

五　地域のまちづくりへ

商店街の活動に加えて、阿部さんが取り組んでいるのが、より広範囲な地域でのまちづくりである。それが特定非営利活動法人「公益のふるさと創り鶴岡」の活動である。

特定非営利活動法人法（通称NPO法）は、一九九八（平成一〇）年一二月に施行された。その活動の支援・普及のために、鶴岡に「庄内市民活動センター」が設立された。五年ほどの活動の後、NPO自体が普及・定着したことから、地域に根ざしたNPO、地域のまちづくり活動へと方向転換した。

このNPOの特徴は、プロジェクト制という活動形態を取っていることだ。ひとつのプロジェクトに関わる理事者（リーダー）が自分で責任をもって取り組むので、全員の合意は必要条件ではなく、一人がやりたいといったことをみんなで応援しよう、という形になっている。こうしたことをやってほしい、あるいはやってみたい、という人が出てきたら、その人が理事者・責任者になって、それを推進していくというやり方だ。大きなこと、市を挙げてやるようなことではないけれども、何か地域でこんなことがあったらいいな、こんなことをしてみたいな、というものを芽出しして、少しインキュベート（支援・育成）して自立していただく、というのが「公益のふるさと創り鶴岡」の活動の肝である。

写真 6-14 「公益のふるさと創り鶴岡」の活動を伝えるパンフレット

　阿部さんがＮＰＯ活動に関わるようになったきっかけは、山形県のＮＰＯの代表者の会議に出席する鶴岡の方を運転手代わりに送っていったところ、そのまま一緒にやりなさいよ、となったことである。以来、一七年にわたって活動を続けている。ちょうどそのころ、早稲田大学の山王商店街の調査が始まり、「まちなか観光」をやってみよう、といったところから具体的な活動が広がっていった。その流れのなかで、文学を通したまちおこし、「つるおか街かど文学館」を作ってみたとこ

写真 6-15 中心商店街の空き店舗を利用した「つるおか街かど文学館」
「つるおか街かど文学館」

ろ、藤沢周平や丸谷才一といった人びとの事績の紹介が反響を呼び、鶴岡市役所をも動かして、藤沢周平記念館の開館（二〇一〇（平成二二）年）へと結実していくひとつの流れにつながっていった。

「公益のふるさと創り鶴岡」の活動には、ユニークなものも多くある。阿部さんが当初からずっと関わっているのが、「だがしや楽校《がっこう》」である。着想家として企画づくりや地域づくりを実践してきた、尚絅学院大学の松田道雄さんが提唱した、駄菓子屋がもっている教育効果に注目した活動である。駄菓子屋のコミュニティをモデルにした場を創る発想で、実社会での「しつけ・創意・つきあい」を育むことを目指している。

他にも、「スポーツGOMI拾い」なるものもある。まちを競技エリアとし、制限時間内で拾ったごみの量と質でポイントを競い合う、子どもから大人までがごみ拾いを楽しみながら、環境保全について考える活動である。

これらは、次世代育成、特に子どもたちへの地域の文化や価値の伝承を強く意識した活動だといえる。誰のためのふるさとか、ということを考えたとき、それは活動の主体となる大人はもちろんのこと、それを継承する若者や子どもたちであることが阿部さんのお話からよく伝わってくる。

「公益のふるさと創り鶴岡」の特色は、行政にあまり依存しないところにある。その活動には、ひとつには行政から現場でやってほしいと頼まれて、仕事として行うもの、そしてもうひとつにはこの周辺のいろいろな人がやりたい、こんなことがあったらいい、ということを少しずつ生かしていくもの、という二つの側面がある。その際にやはりネックになるのは資金繰りである。

荘内大祭、赤川花火大会と並んで、現在の鶴岡の夏のお祭りを代表する「おぃやさ祭り」は、「公益のふるさと創り鶴岡」で立ち上げたものだ。最初はいろいろな思いをもった人がたくさん集まってきて、方向性が収斂しない。それを議論を重ねて今日に続く「おぃやさ祭り」を作っていった。

夏の「おぃやさ祭り」は、江戸時代の盆踊りが起源といわれ、元禄時代に盛んになった。街ごとに違う曲が決まっていて、山王日枝神社では白鷺踊りを踊った。口伝によれば、五日町で五〇〇人、荒町では一五〇人の若者が集まったという。一八七二（明治五）年に一度中止されるが、明治三〇年代に復活した。神田明神のお祭りにも匹敵するほどのもので、町人のお祭りではあったが、武士も参加していた。そうした祭りを再び盛り上げようとしている。

世間では、一丁前になるには一〇年かかる、一〇年早い、とよくいわれる。それが鶴岡では二〇年なのだそうだ。「おめぇ、二〇年早い、こんなことをやるの」と阿部さんもいわれたことがある。そんなところから始まったナイトバザールも、はや二〇年を過ぎて、すっかり定着した。それでもやはり一〇年目くらいまでは様子見のような状態で、ようやく一〇年を過ぎたところからだんだん周りの人が集まってきて、ひとつのムーブメントとしてできあがっていったという。

まちづくりは短期間でできあがったり、成果が出たりするものではない。道路計画も、工事そのものは三年ぐらいだが、その前には一〇年近くの議論を必要とした。

今でこそ、鶴岡のまちづくりは、商店街の枠を超えた人付き合いのなかで進められている。しかしかつてはそうではなかった。山王商店街の南端にある大泉橋は、「渡るに渡れぬ橋」といわれた。なぜなら、かつての商店街と商店街との間には、お客さんの奪い合い、縄張り争い、予算の奪い合いといったものがあったからだ。山王商店街は、現在の印象とは裏腹に、大規模な近代化や整備が行われなかった。その結果、古い建物が現在も残り、それが今日では商店街の大きな財産になっている。

六　変わらずにあるという安心感

阿部さんにとっての市内の好きな風景は、鶴園橋から眺めた鳥海山であるる。天気がよくなければ見ることができない（したがって年に一〇日あるかないかとさえいわれる）、思わずすごい、とうなってしまうほどの眺めだ。全国の城下町を調査した『新版　図説城下町都市』には、鶴岡という城下町がもつ、景観と都市計画とが一致しているという特徴が詳細に記述されている。同書によれば、鶴岡の城下町の町割りは、庄内平野を取り囲む周辺の山々（金峯山、母狩山、鳥海山、高舘山）の山頂から引かれた放射状の格子を下敷きにして行われたとされている。この風景もそうした鶴岡の独特の町割りの象徴といえる。「公益のふるさと創り鶴岡」では、この鶴園橋の架かる内川で、かつての船着場のあたりに和舟を浮かべたり、川藻を刈ったりすることによって、環境の保全と文化の継承に取り組んでいる。

次世代に残していきたいものとしては、神社とそれにまつわる文化がある。獅子舞や大黒舞といった行事を受け継いでいこうとしている。山王日枝神社は、山王商店街のシンボル的存在ではあるが、庄内神社のような観光客が訪れるスポットとは異なり、商店街が守っていかなくてはならない。そうした環境のもとで、先に触れた「だがしや楽校」とともに、子ども獅子舞や子ども大黒舞を通じて、子どもたちを地域に根付かせるための仕掛け作りを行っている。若い世代の人口流出は、

写真 6-17　阿部久書店店内
整然と本が並び、本独特の香りがただよう
本好きにはたまらない空間である

写真 6-16　店内にある黒崎研堂の扁額（「謙受益」）
奥が「くつろぎの間」になっている

東北地方ではどこでも共通して起きている現象だが、鶴岡市でもその傾向は顕著である。そのための対策も、「公益のふるさと創り鶴岡」の活動のなかにある。

商店街の衰退とともに、街なかでは、書店の減少も顕著になっている。阿部久書店も加盟している山形県書店商業組合には、かつて鶴岡市だけで二四軒の書店が名を連ねていた。しかし現在はわずか四軒で、中心市街地にお店を構えるのは、阿部久書店ともう一軒の書店しかない。あとは郊外のお店である。山形県内でも、現在古書店は二軒しかない。県都である山形市からも、昔ながらの古書店は消え、残るのは鶴岡市と米沢市だけになってしまった。その結果、古書の引き取り先や買える場所がない、ということで、逆に阿部久書店に多くの古書とお客さんが集まってくるようになってきたという。

商店街にあるお店が、創業当初の姿で続いていくことは難しい。後継者の問題ひとつ取っても、農業には新規就業者を支援する施策はあるが、商業についてはは同様のものは今のところない。自分たちでやりなさい、というのが現状だ。そんななかで、山王商店街では、「山王まちづくり協定」にもあるように、新たな街の担い手を積極的に受け入れようとしている。阿部さんご自身も、新しい人びとの受け入れに大きく貢献している。その証拠に、山王商店街で近年お仕事を始められた方にお話をうかがうと、アドバイスをもらった人として、必ずといっていいほど阿部さんのお名前を耳にする。こうした取り組みは、少しずつ街の姿を変えていくだろう。

一方で、街を訪れる者からすると、昔からあるお店が今もそこにあることを知ると、うれしい気持ちになる。山王商店街を歩くとき、阿部久書店が変わらずにあるという安心感は、とても大きい。それは一〇年ほどの時間を経てこの街を訪れた際に実感したことだ。個性的な個店が並ぶ山王商店街のなかで、阿部久書店は欠くことのできない重要なピースのひとつである。そしてこのお店は、単に昔からあるものを守っているだけではない。新たな街と地域を創ろうとしている場所である。

写真 6-18　店内に設けられた「もてなし空間」で阿部さんにお話をうかがう

参考文献

・阿部等「つるおか街かど文学館」『Esplanade』No. 63、二〇〇二年。
・大泉散士『私の鶴岡地図』阿部久書店、一九八一年。
・大泉散士『鶴岡雑記帖』阿部久書店、一九八六年。
・大瀬欽哉『鶴岡百年のあゆみ―続・城下町鶴岡―』鶴岡郷土史同好会、一九七三年。
・大瀬欽哉・斎藤正一・佐藤誠朗編『鶴岡市史 下巻』鶴岡市役所、一九七五年。
・春日儀夫編『目で見る鶴岡百年（付酒田）上巻』エビスヤ書店、一九七六年。
・川原普「中心市街地に様々な活動とそのアクターを呼び込む空間整備と組織づくり―山形県鶴岡市山王商店街まちづくりの一〇年の取組み―」『観光科学研究』第六号、二〇一三年。
・岸本紫舟『荘内案内記　西田川郡之部』岸本宗道、一九一三年。
・佐藤滋＋城下町都市研究体『新版　図説城下町都市』鹿島出版会、二〇一五年。
・春秋庵獲麟編『鶴岡市案内　附、三温泉、善宝寺、三山神社』エビスヤ書店、一九三三年。
・三浦鶴林編『鶴岡商工人名録　昭和十三年十月』鶴岡商工会議所、一九三八年。
・森繁哉「やまがた再発見二四一　大泉散士上」『山形新聞』二〇一五年二月二二日朝刊、日曜特、朝庄内五面。
・森繁哉「やまがた再発見二四二　大泉散士下」『山形新聞』二〇一五年三月一日朝刊、日曜特、朝庄内五面。

（二〇一七年調査）

第七章　技術と文化を味わえる街のなかに

―かしの木農園（旧新穂醤油店）と鶴岡山王商店街―

一　山王日枝神社から大泉橋まで

鶴岡駅から南に向かって歩いていく。日吉町のアーケードを通り抜けると、それまで一直線だった道が交差点を境にして大きく曲がる。ここまで徒歩一〇分ほどである。交差点の角にあるのが山王日枝神社である。鶴岡で一番古い社といわれ、境内には松尾芭蕉の句碑も建っている。

この山王日枝神社（通称下山王社）から、内川に架かる大泉橋までの通りが鶴岡山王商店街（以下山王商店街）である。それまでのアーケードの風景から一変して、電柱のない通りは見通しがよく、広い歩道は歩きやすい。そして夜になると街灯は頭の上からではなく足元を暖かく照らす。

かつてこの界隈は荒町通りと呼ばれていた。鶴岡が最上氏の領地になったころから始まる町人町である。荒町の発展は、山王日枝神社（地域の人びとには「お山王はん」の名で親しまれている）の門前町としてというよりも物流の拠点であったことが大きいようだ。様々な商品が酒田から、最上川、さらに赤川（一九二七（昭和二）年までは、赤川は直接海に出ておらず、酒田の近

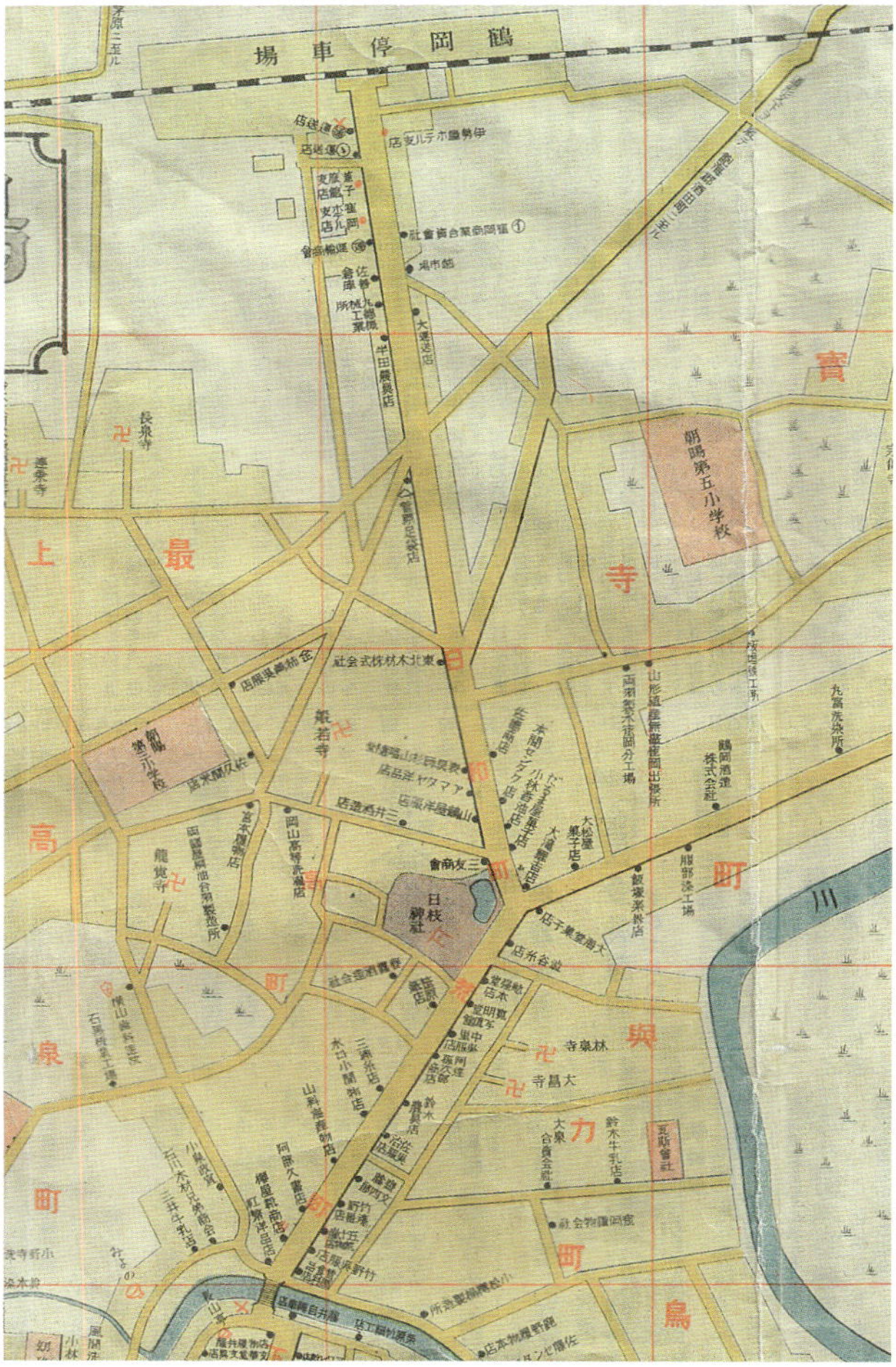

図 7-1　山王商店街の位置（1926（大正 15）年時点）
中央の山王日枝神社から内川までの約 400 メートルの商店街
『鶴岡市街図』
★

辺で最上川に合流していた）、内川と遡って、鶴岡にやってくる。大瀬欽哉『鶴岡百年のあゆみ』によれば、酒田からの上りは朝出発しても一日では鶴岡に着かず、鶴岡からの下りは急げば半日ほどで酒田に着いたという。

南の端に位置する大泉橋（もともとは荒町橋という名で、一八七六（明治九）年に改称した）のたもとには酒田米船着場があり、明治維新後も鉄道開通まで鶴岡と酒田という庄内地方の二大都市を結ぶ交通・物流の拠点としてにぎわっていたという。それゆえに江戸時代の街の地図には造り酒屋などが多く、大商人も味噌や醤油を醸造しており、宿屋を営むところも多かった。こうして発展してきた街である。

街路が近代的に美しく整備された山王商店街ではあるが、沿道には古きよき街並みの様子を伝える建物が今も多く残っている。そんな界隈にひっそりとたたずむ商店建築がある。ともすれば何気なく前を通り過ぎてしまいそうな建物である。これがかしの木農園（旧新穂醤油店。以下建物の歴史に関する部分ではこちらの名称を用いる）である。商店街のなかに農園というのは不思議な感じがするが、こちらは郊外で農業を営むご家族が、新たな生活とお仕事の拠点を構えられたものである。

私たちが初めて訪れたときには、この建物は空き家となっており、商店街の人びとを中心に、新たな活用策が模索されていた。当時活用のための取組みを中心となって進めていた、鶴岡山王商店街振興組合理事長の三浦新さん、同組合理事の阿部等さん（阿部久書店店主）に、この建物の歴史と、山王商店街のこれまでと現在、そしてこれからについてお話をうかがった。併せて、新たな建物の所有者として、かしの木農園を営む富樫良さん、あい子さんご夫妻にも、建物と今後についての思いをお聞かせいただいた。

二　今に残る町家の造り

阿部さんのお話によると、旧新穂醤油店は、もともとは新穂支店といい、三日町にあった本店（こちらでは醸造を行っていた）の販売店を営んでいたとのことだ。建築年ははっきりとはわかっていないが、梁の構造などから、基本となる部分は江戸時代末期から明治初期ごろに造られたと推測されている。現在伝わる話では、別の人が建てた建物を明治末ごろに購入して新穂支店としたようで、買い取られる前は宿屋だったともいわれている。

なかに入ってみると、表通りからの見た目とのギャップに驚く。古びた暖簾の向こうには長い通り土間が奥まで続く。坪庭が設けられているところなどは、このあたりの町家に共通した造りである。以前は奥に土蔵もあったとのことだ（二〇一一（平成二三）年に解体された）。かつての盛業ぶりが偲ばれる。

三浦さんと阿部さんに建物の内部を案内していただく。教えていただかなければ気づかないが、光の差すほうを見上げると、明かり取りのためか、高い場所に天窓のようなものが設けられている。

二階に上がってみると、まるで隠し部屋のような屋根裏部屋がある。襖を開けると階段が現れる造りは、弘前に今も残る武家屋敷を思い起こさせる。三段ほどの階段を上がったところには押し入れが設けられている。

再び一階に下りて、通り土間を奥に進む。台所があった場所の土間には、甕を置いていた跡がある。振り返ると、先ほどくぐった暖簾がかなり遠くに見える。それだけ奥行きが深いのだ。しかもあちこちに増築されたと思しき箇所がある。時代時代の用途に応じて付け足す形で建物が「進化」してきたのだろう。

建物の裏手に出た。細い小路が通っている。阿部さんによれば、すぐ近くには堰があり、川にはかつて小さな橋が架かっていたという。この小路は山王日枝神社に通じており、橋の名は「ひめがばし」といった。その由来ははっきりとはわからないが、どこかお城やお殿様と神社とのつながりを感じさせ

写真 7-1　旧新穂醤油店の暖簾

写真 7-2　奥行きのある通り土間
（山王通り側から奥を望む）

写真 7-3　通り土間の脇には坪庭も設けられている

写真 7-5　採光を考えてか障子が大きい

写真 7-4　１階の座敷

写真 7-7　２階の通りに面した部屋
全体的に傾斜しているように感じる

写真 7-6　明かり取りのために設けられた
と考えられる天窓

写真 7-9　隠しスペースのような雰囲気の
押し入れ

写真 7-8　２階の屋根裏部屋

る。ひとつの「伝説」として、この小路がお城（鶴岡城）から表通りに出ずに山王日枝神社に参拝するルートになっていた、というものがある。この神社には、徳川信康（家康の長男）を祀る「復鎮霊社」がある。庄内藩酒井家の初代・忠次が信康の死に関わったことから建てたもので、やはり酒井家との縁があるのだろう。

裏側から眺めると、この建物の雰囲気がよくわかる。雪止めの付いた屋根に、飛び出すような格好で設けられた天窓など、その時代ごとに使ってきた人が行ってきた工夫も感じられる。

奥側にも二階があり、お座敷が設けられている。太い梁にしっかりと支えられた、簡素ながら落ち着きのあるお座敷である。こちらもどうやら最初からあった部屋ではなく、いつの時代にか増築されたもののようだ。

建物は、通りに面した側は数年前までテナントとして利用されていた。前

写真 7-10　甕が置かれていた場所の跡

写真 7-11　裏手から見た建物
かつては左手に土蔵があった

写真 7-12　建物裏手に面した、山王日枝神社の方向に伸びている小路

写真 7-13　通り土間の奥は通り側よりも幅が広い

写真 7-14　土間の天井もしっかりとした梁で支えられている

写真 7-15　通り土間奥から正面側を見る

写真 7-16　建物奥側２階のお座敷

写真 7-17　襖などは今もきれいに残されている

写真 7-18　階段上から土間を見下ろす

の所有者の方はそれ以後も奥のほうにお住まいだったが、その後転出され、一時期空き家のような状態になっていた。私たちの最初の訪問はそうした時期のことであった。

三　再生・活用に向けて

旧新穂醤油店を営んでいた新穂家は、鶴岡市でも名門であり、先述のように本店を三日町に構え、大きな商売をしていた。一九一三（大正二）年に刊行された『荘内案内記　西田川郡之部』には、市内五軒の醤油業のなかに「恵の露」という商品名とともに新穂真蔵という名前が紹介されている。文化活動にも熱心で、『鶴岡市史 下巻』には、鶴岡に一流の声楽家や演奏家を呼び、市民に生の音楽を聴かせようと奮起して、音楽鑑賞団体・紫光会を組織した四人のなかに、新穂良助という人物の名前を見ることができる。新穂良助は三味線を得意とする音楽愛好家だったようだ。山王商店街にある旧新穂醤油店は、その支店になるのだが、同様に本店は別のところにあり、支店を荒町通りに出すというお店は他にも多くあったという。それだけこの界限で商いをすることのメリットが大きかったということだろう。

　旧新穂醤油店の先代のご主人は、商店街活動にも熱心で、山王日枝神社の世話役も務めた方だった。本業の醤油を扱うほかに、手作りの漬け物などを販売しており、一時は雑誌にも取り上げられるなど、人気を博した。そのころから、お店の半分はテナントに貸すという形を取っていた。金魚屋さんなど、いくつかのテナントが入ったりしたが、いずれもが長く続くことはなかった。

　そこでこのスペースを商店街が借りて、産地直送の品を販売しようと試みた。これは商店街再生のためのパイロット事業としての意味をもっていた。商店街の中心にある、大きな空き店舗のスペースを活用して何かを始めよう、と考えたときのひとつのアイディアが産直であり、実験的に小さなところで始めようということになった。

　ただし、この時点ではまだ商店街として建物自体をどう再生・活用するかということを考えていたわけではない。転機となったのは、二〇一四（平成二六）年の春ごろに、先代の店主が亡くなり、その後ご家族も引っ越しをされ、建物を壊して駐車場とアパートにする、といった話が出たことである。

写真 7-19　テナントが入っていたスペース

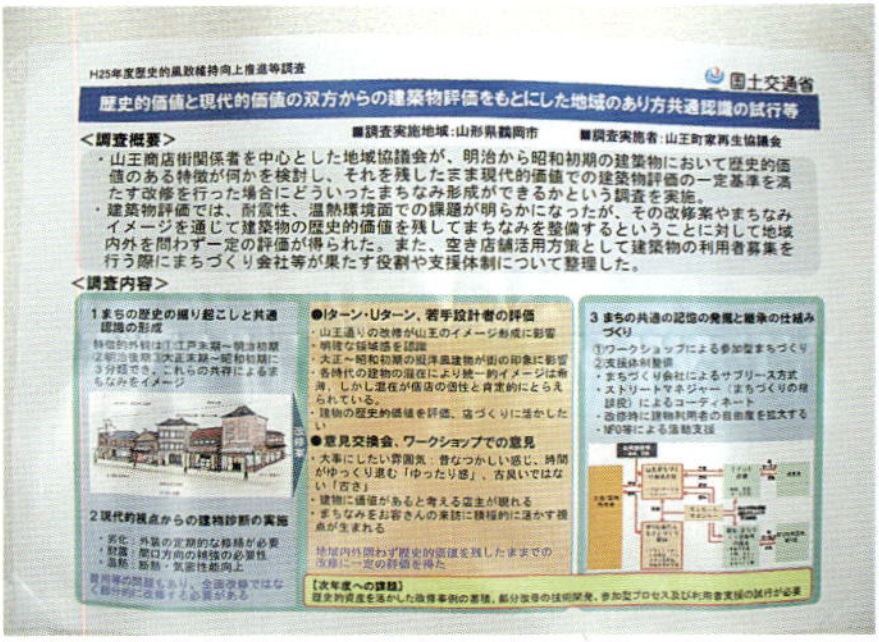

写真 7-20　山王町家再生協議会の成果も貼られている

写真 7-21　営業していた当時の旧新穂醤油店
（山王商店街ホームページ）

結果として、その計画がなくなったところで、商店街で建物を改修して、若い人に貸すようなことを考えよう、ということになった。

山王商店街では、すでに空き地や空き店舗を再生した実績をもっていた。有志でお金を出し合って「山王まちづくり株式会社」を立ち上げ、その事業として「さんのう夢ほっと」を建設した（二〇一一（平成二三）年五月オープン）。こちらは既存の建物をそのまま生かすのではなく、新たに建てる形での商店街再生の試みである。山王日枝神社のすぐお隣にある「さんのう夢ほっと」は、鶴岡の特産品を売るお店から、高校生や大学生にも愛される安くておいしい食堂などが入る、旅行者も地元の人も利用しやすいスポットである。

その後、この建物の利活用については、鶴岡リノベーションスクールにおいても様々な構想が出された。生業を

写真 7-23　現在のさんのう夢ほっと

写真 7-22　さんのう夢ほっとの建設が始まるころの商店街
2010（平成 22）年３月撮影

何人かでシェアしながら利用する、旅の宿というコンセプトの宿泊施設にする、ビジネス利用のお客さんも泊まれるようにする、といったプランが生まれ、完成予想図も描かれた。だが、通りからの見た目以上に奥行きの深い、大きな建物である。それに加えてきちんとしたものにしていこうと考えるほど、必要となる費用も大きくなっていく。三浦さんと阿部さんを中心に、商店街の人びとは、実現可能性を見すえながら、再生・活用に向けたプロジェクトを検討していた。

四　街なかの農家
―「かしの木農園」へ―

しばらくの間、空き家状態が続き、時間が止まっていたかのような旧新穂醤油店は、二〇一八（平成三〇）年四月に再び動き出した。「かしの木農園」を営む富樫良さん、あい子さんご夫妻がこの建物を取得し、ご家族で入居したのである。

それ以前は三川町に住んでいた富樫さんご夫妻とこの建物との出会いのきっかけは、山王商店街を象徴するイベント、ナイトバザールである。そこで開催された内覧会の際、初めて建物のなかに入った。その後、売りに出されているのを知って、購入することを決めた。

もともと農業をしており、良さんは自分の作った農産物を販売したい、あい子さんには農家のカフェをやりたい、という思いがあった。そこで住むことができ、同時に商売もできる物件を探していた。そうした条件に合うのが旧新穂醤油店の建物だった。

もっとも、古く、また手入れもされ

写真 7-24　富樫良さん・あい子さんご夫妻

写真 7-25　照明も新しくなり、生活感が戻ってきた空間

ていなかった建物である。雨漏りがし、屋根裏部屋には埃がたまっていた。面積が広い分だけ掃除も大変だ。お住まいになりながら、できるところからリフォームを進めている。古い造りの建物を現代の生活に合わせるため、ガス管を奥まで通すようにするなど、工事が必要な部分もある。本格的な工事はまだこれからだ。

木の手ざわりがあり、広々とした建物は、子育てにもいい環境である。お子さんたちと、ナイトバザールの出店者の子どもたちや、訪ねてきたいとこたちが楽しそうに遊んでいる様子を見ていると、建物を買ってよかったな、とご夫妻は実感する。

良さんは鶴岡市出身で、昔ながらの農家で育った。だから古い商家の造りのこの建物にも、相通じる親しみを感じている。そしてこの建物のリノベーションの設計をしてくれた建築士さんは、数年前の良さんの実家の建て直しの際に設計を手がけ、また山王商店街のまちづくりにも深く関わってきた方で、そうしたつながりの縁もある。

歴史ある商店街に新たに入っていくというのは、簡単ではないようにも思える。だが三浦さんも阿部さんも、新しい仲間を歓迎した。富樫さんご自身も、壁を感じることがないほどにすんなりと入っていった。取り壊しの話も出るなかで建物を守ってきた三浦さんとしても、新たな居住者がきてくれたのは喜ばしいことだった。

建物の座敷部分は、これまで「縄ない」ワークショップや農業関係の独自イベントなどの会場として利用されている。富樫さんご夫妻が取得する以前からここでワークショップやマルシェを開催していたこともあり、思い入れをもつ人びとも少なくない。そうしたこの建物のファンの存在も支えになっている。広いスペースの活用法をめぐっては、所有者の富樫さんに三浦さんや商店街の皆さんも加わって議論をしている。たとえば空間をきっちり仕切ることなく、自由度の高いスペースにしてはどうか、カフェとしてここをこう使ってはどうか、といった構想を練っている。

ご夫妻の当初の考えは、まず自分たちが住む場所を得るということだった。だが、これだけの広い空間だけに、自分たちの使わないスペースは他の人に借りてもらう、というのが現実的な建物の活かし方になっている。

これまでにも自分たちで作ったものをマルシェに出展して販売するといったことはあった。だがイベントの機会は限られており、また実際にお客さんと接するという意味でも、実店舗をもつことの意味は大きい。インターネットの時代でもお客さんとの関わりを大切にしたいというのがご夫妻の思いだ。

酒田市出身のあい子さんは、これまでも鶴岡を訪れることはあったものの、こちらに移り住んで初めて鶴岡が本格的な生活圏になった。一方で山王商店街とは不思議な縁もある。お母さんが、始まったばかりのナイトバザールのフリーマーケットに出展しており、小学生だったあい子さんもそこで商品を売っていた。それがこの商店街を知ったきっかけである。普段であれば、子どもが夜に出歩くのは許されないが、ナイトバザールのときだけはいいよ、といってもらえる。そのときの面白さが今も記憶に残っている。

　鶴岡市郊外で育った良さんにも、鶴岡の街の思い出がある。阿部久書店には子どものころからたびたび足を運んでいた。大型店が進出するなかでもところどころに商店街との接点はあった。

　農業をするなかで、畑や田んぼから離れていないところに住みたいという思いがあり、そうした土地を求め、家を建ててそのなかでお店ができれば、というのが当初の考えだった。しかし田舎に住もうという思いとは裏腹に、なかなか条件に合う土地や建物を見つけるのは難しかった。そして街なかに住むことになった。

　かつては会社勤めをしていたが、お父さんと農業をし、だだちゃ豆をはじめ、自分が作った作物を販売するなかで、お客さんたちとの接点が生まれ、名前を覚えてもらえるようになった。そうしたことに喜びを感じるようになった。もちろん農業は忙しい。夏の間も休みなく朝の二時半から作業をする。だから冬の間は休むと決めている。

　現在生産しているのは、だだちゃ豆とお米である。豆の作付け面積が増え、米と豆の収穫のタイミングを空けなくてはならない。お米にも収穫時期の早い品種、遅い品種があり、富樫さんが作っているのは、「つや姫」と「コシヒカリ」だ。これらもこちらで販売されるようになる。

　新たな生活の場のなかのお気に入りは、お子さんたちと足を運ぶ山王日枝神社である。池にいる亀を眺めるのが日課のような楽しみになっている。子育てをする環境としても、街なかなのに緑が多く、川も整備されていて、遊ぶのに向いている。こうしたよさはもっと知られてもいい。

　店舗として、そして住居として。この建物は新たな歴史を刻み始めた。

五　山王商店街の今昔と三浦糸店

　旧新穂醤油店が立地する、山王商店街のあゆみについて、三浦さんを中心にお話をうかがった。

　三浦さんは、鶴岡市山王商店街振興組合の理事長、山王まちづくり株式会社の社長であり、商店街のちょうど中央に位置する、三浦糸店の店主である。その創業は一八九三（明治二六）年。一二五周年を迎えた老舗である。明治

写真 7-26　1903（明治 36）年当時の三浦糸店
（山王商店街ホームページ）

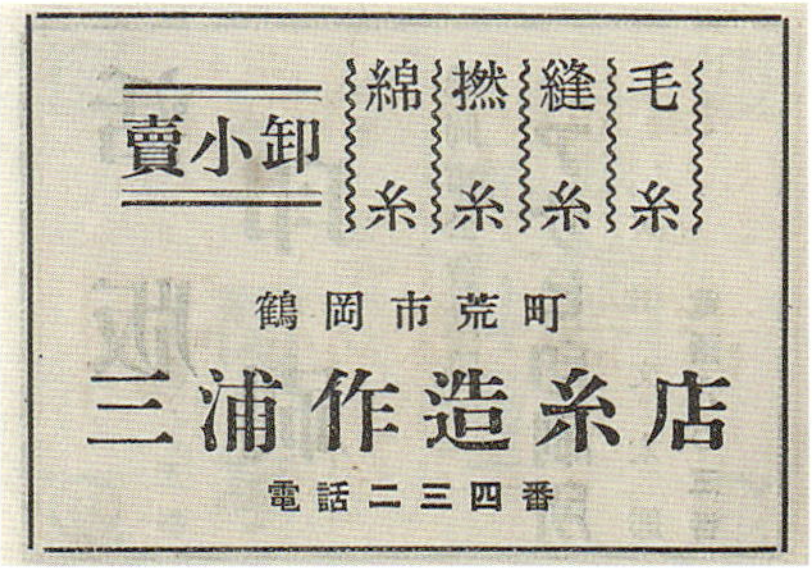

写真 7-27　1933（昭和８）年の三浦糸店の広告
『鶴岡市案内』

ごろの記録によれば、当時は糸を縒る工場をもち、注文に応じて綿糸なら何番手のものを何本縒る、といった太さの調整もしていたという。絹織物は鶴岡の地場産業であり、また家庭的に織物を織るところも多かった。大阪方面からも原糸を相場で仕入れていたようだ。糸は船便で入ってくるので、船着場が近いこの場所は立地的にもよかったのかもしれない。

写真 7-28　現在の三浦糸店の建物
新しく建て変わっても奥行きの深さは町家らしさを伝える

昭和になると、手芸、とくに編み物が盛んになっていく。もっとも、戦前期までは毛糸は高級品であり、編み物の技術をもつ人は少なく、一般の人にはなかなか手が出なかった。ところが戦後になると毛糸が大量に出回るようになり、生活のために編み物をするという時代になっていく。セーターなどは買うよりも編んだほうが安く、そこに家庭用の編み機が普及してきて、一時期は花嫁道具のひとつとさえいわれるようになった。鶴岡市でも編み物教室が盛んになり、そうした時代状況の

写真 7-29　かわいらしいデザインの
三浦糸店の看板

写真 7-30　大正から昭和初期の山王日枝神社前
★

写真 7-31　昭和初期の山王日枝神社から見た商店街
★

もと、三浦糸店は毛糸屋として発展していく。

その後、洋服は既製品のほうが安いという時代になり、編み物も生活必需品から趣味の世界のものへと変化する。現在も縫い糸やボタンといった商品を扱っているが、それらは手芸という趣味のものとして生き残っているという形になっている。

三浦さんは、この商店街で生まれ育った。子どものころは街に子どもがたくさんいた。同学年だけで商店街のなかに一〇人ぐらいいた。遊び場所は山王日枝神社の境内であったり、現在ホテル山王プラザが建っている場所にあった沼であった。沼にはモリアオガエルがいて、池の上に泡状の卵を産んで、オタマジャクシが孵っていく様をよく眺めていた。今考えてみると、街なかでは珍しい風景だった。神社も今よりもっと木がたくさんあり、鬱蒼としていた。

その後大学時代を東京で過ごし、四年間ほど企業に勤めた後、三〇歳前に鶴岡に帰ってきた。その当時はまだ商店街に勢いがあった。会合に集まってくるのは旦那衆といった感じの人びとで、お金もあり、商売を広げるところも多かった。昭和三〇年代から四〇年代ごろにかけてのことである。三浦さんはそんななかに若手として入って

写真 7-32　昭和 50 年代の山王商店街
（山王商店街ホームページ）

いった。そうした環境のもとでは、お酒を飲みながら、街の昔話も多く聞かされた。三浦さんや阿部さんが事細かに商店街の歴史を私たちにお話しくださるのは、そうした地域の歴史の継承の成果なのだろう。

　だが、そんな商店街にも少しずつ翳りが見えてくる。大型店が次々に進出し、鶴岡の駅前にもジャスコやダイエーが進出してきた。さらには郊外にも大型店舗ができ、買い物はそちらでという流れができていった。

六　新しいまちづくり

　地方都市の中心商店街の衰退が進んでいくなかで、三浦さんや阿部さんたちは「なんとかしなければ」という思いをもって活動を始める。そのひとつが現在まで続くナイトバザールである。最初のナイトバザールが開催されたのは一九九四（平成六）年で、当初は、フリーマーケットを中心に、子どもに喜んでもらうゲームやスタンプラリー、ミニコンサートなどを企画した。二〇〇一（平成一三）年度には、山王通りを歩行者天国にしての開催も実現した。このイベントは間もなく二五周年を迎えようとしている。今ではすっかり定着して、山王商店街を象徴するものになっている。

写真 7-33　2000（平成 12）年から 2001（平成 13）年ごろのナイトバザールの様子
「鶴岡山王商店街活性化への取り組み」

　山王商店街の取り組みは、ナイトバザールのようなイベントだけではない。街路整備もまちづくりの成果である。現在、山王通りは無電柱で無散水消雪の道路に整備されている。道路の幅に対して、見通しがよくきく眺めになっている。ここに至るまでには、「山王まちづくり協定」（二〇〇六（平成一八）年）の策定といった取り組みがあった（同協定については第六章で紹介している）。この協定は、地域の暮らしに身近な商店街であり続けるために、自分たちの手で再生に向けたまち

写真 7-34　歩道整備と電線地中化が行われる前の山王商店街
（山王日枝神社側から）
「鶴岡山王商店街活性化への取り組み」

写真 7-35　2018（平成 30）年の山王商店街
右写真の地点の現在の様子

写真 7-36　歩道整備と電線地中化が行われる前の山王商店街
（大泉橋側から）
「鶴岡山王商店街活性化への取り組み」

写真 7-37　2018（平成 30）年の山王商店街
右写真の地点の現在の様子

づくりを進めることを目的としたもので、山王商店街振興組合の組合員五五人が締結にサインした。そこではお店が商売をやめてしまっても貸しテナントとなるような建物にしよう、といったことを訴えていて、地元のみならず、全国的にも高く評価された。そうした取り組みが認められて、街路整備の実現を見たのである。

写真 7-38　山王商店街の夜
足元を暖かい街灯が照らす

三浦さんが四九歳のときに山王商店街振興組合の理事長になって、二〇年近くになる。商店街の代表の任期は二年。三浦さんの前までは、二期は務めるが、三期六年以上となるとなかなかいない。それだけ長きにわたってこの界隈の顔役を務めてきたことになる。しかしそれは商店街の担い手となる人材不足の表れでもある。四半世紀近く続いているナイトバザールは、実行委員の顔ぶれが始めた当初から変わっていない。若手と呼ばれる人が五〇代だったりする。三浦さんは、「出る人は外に出て行くんですね、中心部から。出る人はいて、入ってくる人はいない。空洞化現象が一番如実に表れている場所ですね」とおっしゃっていた。様々な取り組みで注目を集める山王商店街においても、後を受け継いでいく世代の不足は、大きな課題となっている。

一方、山王商店街は、その積極的な取り組みによって、研究者の関心を集め、早稲田大学や法政大学の先生や学生たちが訪れるようになった。一〇年以上前から、歩いて暮らせるまちづくりを目指してワークショップを開催したり（二〇〇〇（平成一二）年にその成果は「歩いて暮らせるまちづくり構想」（あるくら構想）として結実する）、まちなか観光のための実験を大学と共同で行ってきた。また、全国的なリノベーション（建物を修復するとともに用途や機能を変更して性能を向上させたり価値を高めたりすること）の流行のなかで、鶴岡リノベーションスクールは、山王商店街の空き店舗などを実際の対象として、活動を行っている。若い世代を巻き込む形で、現在進行形のプロジェクトが動いている。

これらは、佐藤滋＋城下町都市研究体による『新版　図説城下町都市』において、行政、ＮＰＯなどの市民組織、建築士会などの地元専門家や大学などが結集して作られたまちづくり組織が生み出した協働の成果として紹介されている。

歴史まちづくりもまた、商店街にこれまでとは違った形で人を呼び込もうとする取り組みのひとつである。山王商店街は、鶴岡市の歴史的風致維持向上計画の重点地区のひとつである「鶴岡公園とその周辺地区」と、内川をはさんで接する位置にある。『新版　図説城下町都市』では、上記の「あるくら構想」とも連動し、歴史的な歩行者空間ネットワークと、多様なプロジェクトの相乗効果による「遊動空間」の拡充を目指した取り組みとして、山王商店街の空間づくりが紹介されている。そこでは歩行者空間のもつ歴史性の継承がコンセプトのひとつとして打ち出されている。地域住民にとっての生活道路として利用されてきた「小路」が、外から訪れる人びとに城下町らしさを感じさせる空間として、歴史的な意味を与えられるようになっている。阿部さんに教えていただいた、旧新穂醤油店の裏手の小路などもそのひとつである。

今のところ、歴史まちづくりに関しては、商店街にとって実感できるほどの効果はまだない。各地で、伝統と文化を大切にしていく商店街、といったコンセプトを打ち出すようになったのは、それほど前からのことではなく、近年緒についたばかりである。具体的な成果を実感するには、もう少し時間が必要かもしれない。

それでも、三浦さんや阿部さんのお話をうかがっていると、山王商店街は、歴史まちづくりをむしろ先取りする形でその歴史を大切にしてきたことがわかる。それはお二人の話の端々に出てくる地域の歴史に対する深い造詣や、商店街のホームページに詳しく綴られた界隈の歴史にも見て取ることができる。街路の整備といった、近代化の側面に目を奪われてしまいがちだが、それまでの歴史や文化を大切にしてきたという部分にも、山王商店街の「新しさ」がある。

七　これからの山王商店街

山王商店街は、北側の山王日枝神社から南側の大泉橋まで、その距離は約四〇〇メートルである。ただ歩くだけであれば、ものの数分で通り過ぎてしまう距離である。だが、その歴史と現在進行形の取り組みに耳を傾けると、とても密度の濃い四〇〇メートルである。北から見て、入口にあたるところには写真館の寛明堂（第十一章で紹介している）、出口にあたる大泉橋のたもとには洋品店のＧＩＮＹＯ　８２７（第五章で紹介している）と旧菅原イチローヂ商店。八〇年前の絵葉書と変わらない風景がそこにあり、目鼻立ちが整った街路だ。山王通りが街を貫く縦の串だとすると、それぞれの奥行きのあるお店が横串といった具合である。しかも鶴岡まちなかキネマ（第八章で紹介している）といった、新たな施設がオープンしたことで、横串の長さも伸びている。縦串だけをたどるだけではもったいない。

これからの山王商店街について、三浦さんは「技術と文化を味わえる街として続けていければ」とおっしゃっていた。

この商店街には、特徴のある個人商店が今も続いている。界隈には職人的な技をもつ人が多くいた。今でこそその数は少なくなってしまっているが、それでもなお高い技術をもつ人がいる。だが、安い素材と大量生産が主流になるなかで、その技術が高価なものと感じられるようになってしまっている。効率化を追求する時代ではあるが、もともと商店街のお店というのはそういうものではない。それぞれがそれぞれの特徴でもって人と付き合って成り立ってきた歴史があるので、そうしたものを残していきたいと考えている。

　生活の変化とともに和服を着ることは少なくなり、呉服屋さんも減ってしまったが、神社のお祭りなどの際、年に一度くらいは着ることがある。そういったときには街のお年寄りの呉服に関する知識が役に立ったりする。このような身近な生活に根ざした伝統的な文化を大切にしていきたい。

　人から人へと受け継がれていく技術と文化をしっかりと伝えること、そしてそれらを味わえる街として続いていくことが三浦さんの望む街の姿である。

写真 7-39　三浦さん（左端）にお話をうかがう

　三浦さんにとっての鶴岡市内の好きな建物を挙げていただいた。ＧＩＮＹＯ　８２７、寛明堂、木村屋、そして旧新穂醤油店。いずれも山王商店街にある建物である。「今、この商店街のことしか考えないようになっているのでね」と三浦さんはおっしゃっていた。それだけにこのチョイスは、自身が生まれ育ち、生業の場所であるこの街への深い愛情に基づいている。そのなかで、これからの再生・活用が模索されている旧新穂醤油店は、三浦さんの理想とする「技術と文化を味わえる街」の、古くて新しいシンボルとなりうる可能性を秘めている。
　そして現在、旧新穂醤油店は、新しい所有者の手に移り、再び活用されようとしている。
　富樫さんご夫妻は、建てられてから一二〇年近く経っている建物を、壊すのはもったいない、という思いから購入した。何でも買えば済むようになっている時代のなかで、こうした建物は建てようと思ってもすぐには建てられない。すぐに買おうとか捨てようというのではなくて、利用していこう、モノを大切にしていこう、という考えが、お二人にはあった。
　そこに至るまでには、三浦さんをはじめとした地域の人びとが、建物を壊さずに活用していくことの重要性を認識し、その方途を考え続けてきたことも大きく影響している。私たちが二〇一七（平成二九）年に初めてこの建物を見たとき、そこは歴史こそ感じられるものの、どこか生気を失った空き家だった。それが今は人が住むことによって、生き返ったような印象を受ける。途絶えかけた命をつないだのは、三浦さんや阿部さんといった商店街の人びとの思いに他ならない。それを富樫さんご夫妻が受け取った。そして、その思いはきっと、ここで育っていく次の世代にも受け継がれていくだろう。建物への思いを絶やさずに保ち続けること、その成果が建物と街の現在、そしてこれからに、形となって表れていく。

参考文献

・大泉散士『鶴岡雑記帖』阿部久書店、一九八六年。
・大瀬欽哉・斎藤正一・佐藤誠朗編『鶴岡市史 下巻』鶴岡市役所、一九七五年。
・春日儀夫編『目で見る鶴岡百年（付酒田）上巻』ヱビスヤ書店、一九七六年。
・川原普「中心市街地に様々な活動とそのアクターを呼び込む空間整備と組織づくり―山形県鶴岡市山王商店街まちづくりの一〇年の取組み―」『観光科学研究』第六号、二〇一三年。
・岸本紫舟『荘内案内記 西田川郡之部』岸本宗道、一九一三年。
・佐藤滋＋城下町都市研究体『新版 図説城下町都市』鹿島出版会、二〇一五年。
・春秋庵獲麟編『鶴岡市案内 附、三温泉、善宝寺、三山神社』ヱビスヤ書店、一九三三年。
・『鶴岡市街図 附商工業者案内』三光社、一九二六年。
・鶴岡地域商業近代化委員会編『鶴岡地域商業近代化地域計画報告書』鶴岡商工会議所、一九九〇年。
・三浦鶴林編『鶴岡商工人名録 昭和十三年十月』鶴岡商工会議所、一九三八年。
・三浦新「鶴岡山王商店街活性化への取り組み」『Esplanade』No. 63、二〇〇二年。
・矢作敏行・川野訓志・三橋重昭編著『地域商業の底力を探る―商業近代化からまちづくりへ―』白桃書房、二〇一七年。
・山王町家再生協議会『平成二五年度 歴史的風致維持向上推進等調査「歴史的価値と現代的価値の双方からの建築物評価をもとにした地域のあり方共通認識形成の試行等（山王町家再生協議会）」報告書』国土交通省都市局、二〇一四年（http://www.mlit.go.jp/common/001038824.pdf）（最終閲覧二〇一八年九月一五日）。

（二〇一七年調査、二〇一八年追加調査）

第八章　映画と歴史を映し出す

―鶴岡まちなかキネマ―

一　不思議な造りの映画館

休日に映画を観に行こうと思い立ったとき、どこへ行くだろうか。今なら、車に乗ってしばらく走ってたどりつく大型ショッピングモールのなかにある映画館（シネコン）を利用するという人が多いのではないだろうか。しかし鶴岡には郊外に行かなくても街なかに立派な映画館が存在する。それが「鶴岡まちなかキネマ」（以下まちなかキネマ）、愛称「まちキネ」である。

まちなかキネマは二〇一〇（平成二二）年開館の、その名のとおり街なかの映画館だ。この建物は変わった造りをしている。たいていの映画館は、四角い建物なのに、ここは切妻屋根になっている。周りには工場のような建物もある。そんな不思議な映画館について、まちなかキネマを運営する「株式会社まちづくり鶴岡」企画制作室長の遠藤洋幸さんにお話をうかがった。

二　まちなかキネマの誕生

まちなかキネマは、鶴岡で絹織物製造を行っていた企業のひとつ、松文産業が所有していた工場をリノベーションして作られた。二〇〇〇年代半ばを過ぎたころ、工場の設備を鶴岡市郊外の櫛引地区（旧櫛引町）に移すことになり、二〇〇八（平成二〇）年に移転が完了した。そこで当時の鶴岡商工会議所に相談が行き、街なかにこれだけの敷地が空くため、何か地域にとってプラスになるような活用の仕方がないか、という話が持ち上がった。

近年では郊外に人が移り、中心市街地の過疎が進んで空洞化が目立つという現象が全国の地方都市で起きており、鶴岡市や鶴岡商工会議所の人びとは、そうした流れをどうにかしたいと考えていた。こうした課題解決に向けて、二〇〇七（平成一九）年七月、「株式会社まちづくり鶴岡」が設立された。この「まちづくり鶴岡」の事業のひとつとして、「つぼみ保育園」が銀座通り商店街に作られ、二年ほどの間経営された。その後は保育園を地元の企業が担えるようになったということで、現在は荘内銀行が運営している。

そして第二のプロジェクトとして、松文産業の工場跡地をどう活用しようかという話が出て、ここに映画館が作られることになった。

映画館を作る理由として、大きく二つのことが挙げられる。

ひとつは鶴岡が映画にゆかりのある地であるということである。鶴岡は、二〇〇九（平成二一）年に第三二回日本アカデミー賞最優秀作品賞、第八一回アカデミー賞外国語映画賞など数々の権威ある賞を受賞し、日本のみならず世界的にも名前が知れ渡った有名な映画『おくりびと』が撮影されたロケ地のひとつであり、『蝉しぐれ』『武士の一分』といった映画作品の原作小説を書いた作家・藤沢周平の出身地でもある。そのため鶴岡の人びとにとって映画は身近なものであった。しかしかつては多数あった鶴岡市内の映画館は、二〇〇二（平成一四）年の鶴岡シネマ旭の閉館によってなくなってしまった。お隣の三川町のショッピングモールにはシネコンがあるものの、車がないと行けないような場所であり、交通手段が限られている人はなかなか足を運ぶことができなかったようだ。

もうひとつの理由は、それまで街を訪れる人びとにとっての滞在場所がなかった、ということである。街の中心部に全く人がこないわけではない。働きにきたり、病院や銀行に行ったり、行政の手続きをしたりするために人はやってくる。だが、そうした人びとは用事を済ますとすぐに帰ってしまうということが問題だった。そこに目をつけ、街なかにくる目的となるような娯楽を作ろうということになった。

ではなぜ美術館や博物館ではなく、映画館だったのか。それは、リピーターの利用を考えてのことである。美術館や博物館の場合、展覧会や催し物を一回観てしまうと、二回目、三回目と繰り返し観覧する人は決して多くはなく、一回限りで終わってしまうことがほとんどである。しかし映画館であれば中身（作品）が変わっていくので、同じ建物でも何回でも人がきてくれる可能性がある。また映画館は老若男女問わず、好きな作品があれば立ち寄ってもらえる。

そうして映画館を作ることになったのだが、課題となったのは、工場の建物をどうするかということだった。一度取り壊して、新しく建物を建てるという話もあった。だが絹織物工場の建物を見た関係者はみな、工場を鶴岡の絹産業を偲べるような産業遺産として残そう、と考えた。そしてこの建物を活用して映画館が作られることになった。設計は、藤沢周平記念館など、鶴岡市の数多くの建築を手がけ、全国的にも著名な建築家である東北公益文科大学大学院特任教授の高谷時彦さんが行った。コスト面を考えると、一度壊してから新しく造ったほうが安く済むとのことだったが、それでもあえてチャレンジしよう、面白い建物を造ろう、ということになった。このプロジェクトは、経済産業省の「戦略的中心市街地商業等活性化支援事業」の補助を受け、総事業費一〇億円をかけて実現した。

こうして二〇一〇（平成二二）年五月、まちなかキネマがオープンした。ここに新しい映画館ができたわけだが、もともとはこの界隈にも映画館があった。昭和二〇年代の地図を見ると、現在のまちなかキネマのすぐ近くに、東宝劇場という映画館があったことがわかる。まちなかキネマの誕生は、同時に山王商店街の映画館の復活でもあったのだ。

三　工場の造りを活かした建物

まちなかキネマは絹織物工場の建物をリノベーションして作られた映画館である。そのため造りが非常に面白く、他ではなかなかお目にかかることのできない珍しい建物である。

表通りである山王商店街から奥に入って、まちなかキネマを見つけると、まず目に入るのは、建物の壁に大きく書かれた「鶴岡まちなかキネマ」という文字と、その下にあるカラフルで大きな壁画である。この絵は土井沙織さんという、山形市の東北芸術工科大学出身のアーティストの方が描いたものである。そのお隣にまちなかキネマの本館がある。かつての工場であることを感じさせつつも、古臭くもなく、とても落ち着いた美しい外観である。瓦屋根も建物に重厚感を与えて、しっかりした造りであることがうかがえる。

写真 8-1　訪れる人びとの目を引く壁画

写真 8-2　あたたかい印象を与える館名ロゴ

そして入口から建物のなかに入ると、まず驚くのが天井である。天井はとても高く、たくさんの立派な梁が通っていて、ここに視察に訪れた人は、こぞってこの天井に見入る。これはトラス構造といい、柱がなくても構造部にかかる力を圧縮力と引張力で負担するため、軽量で変形に強い構造である。今となってはあまり目にすることのない構造で、以前の工場の時代には、直接見ることはできなかったという。しかし工事の際にこのトラス構造を見て、これをぜひ活かそう、ということになった。ひときわ目を引くのが、約六間（一〇・八メートル）もある杉材の大梁である。一棟の長さが七〇メートルあるところに四〇本が使われており、二棟合わせて約八〇本の大梁が屋根を支えている。今の時代にこれだけの材料

写真 8-3　まちなかキネマのエントランスホール

写真 8-4　トラス構造の天井

を集めるのは困難であるという。

　見た目も造りも立派なまちなかキネマではあるが、実際に使っていると困ることもあるという。たくさんの梁がかかっている構造のため、簡単に蜘蛛が巣を張ってしまうそうで、スタッフの方々が一生懸命に専用の道具を使って除去している。また、天窓からの結露が落ちて雨漏りのようになってしまうこともある。リノベーションの際に全部加工し直して載せた屋根の瓦が割れてしまったり、外周の塗装が剥げてきたりするなど、少しずつ手入れをした箇所もあるとのことだ。しかし何かが大きく壊れたりすることはこれまでのところなく、まちなかキネマに関わる人たちが大切に愛情をもって建物を手入れしていることがわかる。

　作品上映の合間を縫って、映画館のなかで最も重要な場所であるシアター

写真 8-5　シアターへの入り口

写真 8-6　後方から見たスクリーンとステージ

写真 8-7　シアターの天井もトラス組みになっている

写真 8-8　前後の間隔が広くくつろげる座席

を見せていただいた。どこか殺風景なシネコンのシアターとは違い、全体に木材を豊富に使って作られているため、温かみが感じられる空間になっている。一番大きなシアターである「キネマ1」は、スクリーンの前がステージのようになっており、映画の公開の際の舞台挨拶が行われることもあるという。席と席の前後の間隔も広く、足をゆったりと延ばせる座り心地のよいシートだ。まちなかキネマには四つのシアターがあり、それぞれ一六五名、一五二名、八〇名、四〇名が収容できる。

四　まちなかキネマの前身
―松文産業鶴岡工場―

まちなかキネマの建物の前身である絹織物工場は、一九三二（昭和七）年に建設された。鶴岡では明治時代に絹織物産業が隆盛を誇り、全国の半分は

写真 8-9　リノベーションの際、加工し直し再利用された瓦屋根

鶴岡が関わっている絹織物だといわれるほどに繁栄していた。この場所にあったのが、松文産業の鶴岡工場である。

　松文産業は、福井県勝山町（現勝山市）で一九一三（大正二）年に創業した企業だが、こちらでは鶴岡の平田米吉の発明した力織機を使って操業していた。そして一九三二（昭和七）年に鶴岡工場を設置した。この工場は、最盛期には約四〇〇名の従業員を抱え、鶴岡の絹織物産業を支えた工場のひとつであった。鶴岡では絹織物産業も盛んだったが、同時に絹織物を生産するための機械を製造する産業も伸び、そのために必要なガスなどの動力を確保するために、インフラも整備されたという。松文産業は、戦時体制下の企業整備のなかを生き残り、戦時中は陸海軍の落下傘用の羽二重を織った。そして終戦後も引き続き操業を続けた。

写真 8-10　エントランスにある工場のメモリアルコーナー

写真 8-11　かつての松文産業鶴岡工場の全景
黒い瓦の２棟がまちなかキネマに生まれ変わった

写真 8-12　昭和 40 年代ごろの松文産業鶴岡工場
★

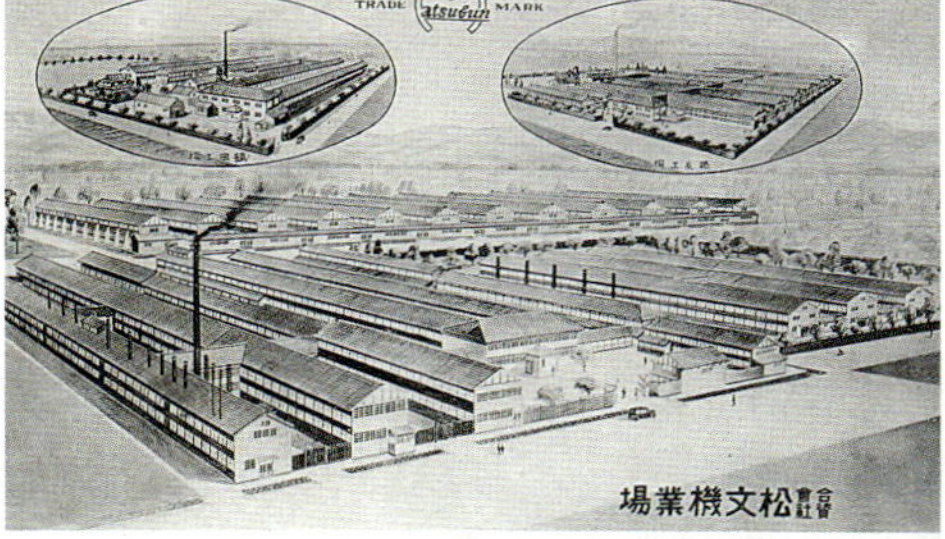

写真 8-13　松文産業の工場を描いた絵葉書
鶴岡工場は左上の円内に描かれている
★

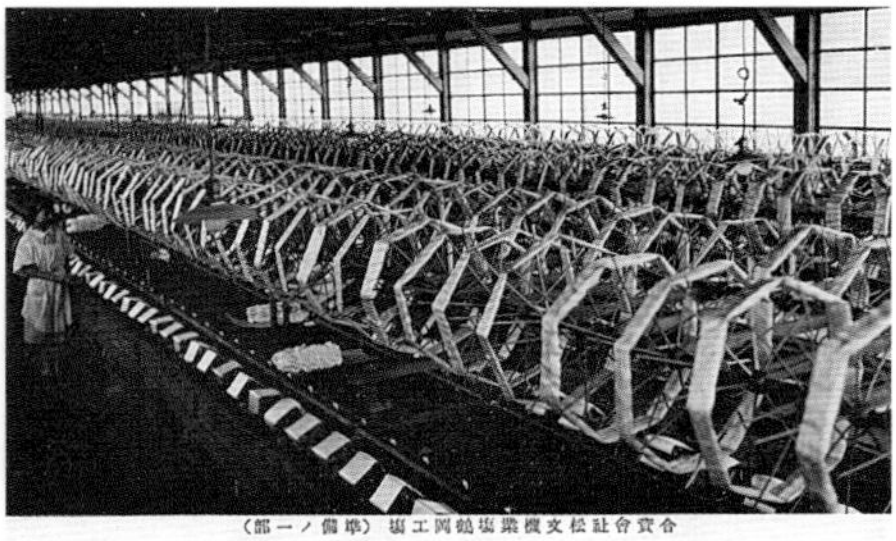

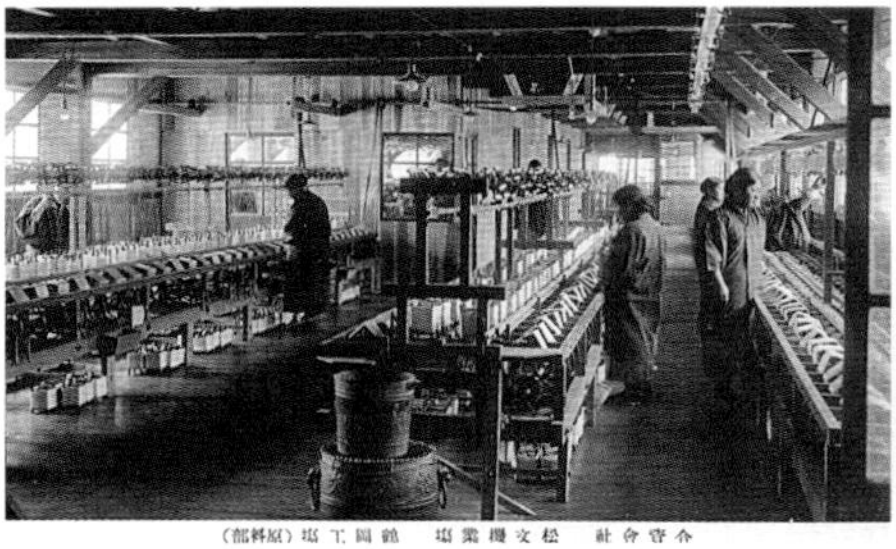

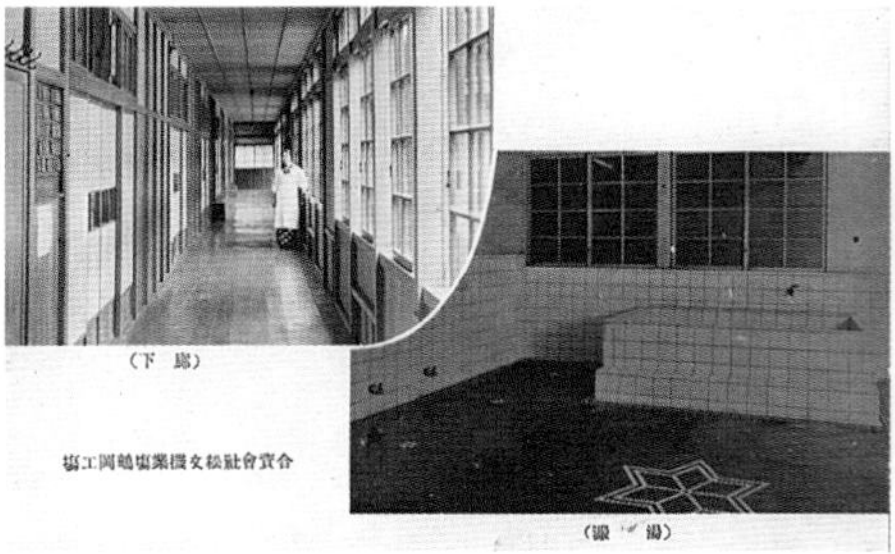

写真 8-14　松文産業鶴岡工場の内部と労働者の生活を写した絵葉書
★

現在では、かつては機械が整然と並ぶ工場であったことが信じられないようなまちなかキネマの内部だが、ところどころにその面影を残しているものがある。エントランスの天井を見上げると、奥のほうに手繰《たぐ》りの滑車が見える。工場時代からあるものだ。今となっては必要のないものだが、まちなかキネマを作る際、あえて残すことで、昔の様子を感じられるようにした。建物自体も、とくに外観は工場の形をそのままに利用して造られているので、映画を観る施設としてだけではなく、産業遺産として見るのも非常に面白い。

　古い時代のよさや、昔を感じられる部分を残しつつ、現代の人びとが利用するうえでも便利なようにリノベーションを行った、すぐれた事例といえるだろう。

写真 8-15　鶴岡シルクをＰＲする役割も担っている

　まちなかキネマは、もちろん映画館であることがメインなのだが、建物を目的として訪れる人も多いという。また、新しい鶴岡のシルク産業の商品である「ｋｉｂｉｓｏ」（キビソ。蚕が繭を作る際に最初に吐き出す糸を加工して作られた商品）を買いたいという人が、観光案内所で「昔実際に絹織物の工場として使われていた建物を再利用した面白い建物があり、そこで買えますよ」と紹介されてやってくることもある。エントランスホールには「ｋｉｂｉｓｏ」の展示・販売コーナーを設けている。鶴岡の街なかでは、まちなかキネマが一番品ぞろえがよいらしく、こうした商品に対して感度の高いお客さんが、中高年のご夫婦を中心に、首都圏からも訪れる。観光客の間でも、ちょっと高級なお土産や贈答品としての需要が高いとのことだ。

五　鶴岡で暮らすことを選ぶ

　まちなかキネマを職場として、映画館の運営はもちろんのこと、地域とタイアップした様々な取り組みをされている遠藤さんだが、ご出身は鶴岡ではなく、もともとは宮城県に住んでいた。

東京の大学に通っていたとき、合宿の自動車運転免許取得プランを探していたところ、たまたま行き先として選んだのが鶴岡だった。合宿中は、教習の合間に、鶴岡の海岸で沈む夕日を眺めたり、特産の庄内メロンを食べたり、また朝の風景の素晴らしさに感動したりと、いい思い出がたくさんできた。そのときから鶴岡がとても気に入っていた。就職してからも、二〇～三〇代の時期に庄内に関わる仕事が多かったことから、たびたび訪れるうちに、第二の故郷のような感覚が生まれた。

四〇歳になり、キャリアチェンジを考えるようになり、当時ブームになりつつあった移住に先駆けて、鶴岡に住むのもいいのではないかと思い、二〇一三（平成二五）年に鶴岡に移り住んだ。そしてまちなかキネマの運営母体である「まちづくり鶴岡」に就職し、劇場の運営だけでなく、他の様々な業務にも関わるようになって今日に至っている。

県外から移り住んだ遠藤さんに、住む前のイメージと、実際に住んでから の鶴岡の印象の違いについてうかがった。住む前は、鶴岡はもっと広くて大きいところだと思っていた。しかしいざ住んでみると、広がりをもっていたと思っていたところが実はすぐ近くで行きやすい、と感じたそうで、コンパクトで都市機能が集約されているという印象をもった。午前中の時間だけでも山や海までぱっと行くことができ、それでいて街なかにいるので、買い物をするにもどこにでも行きやすいとのことだ。しかも遠藤さんは畑を借りて、仕事に出かける前に一時間ほど畑仕事をしている。都会ではなかなかできないライフスタイルだろう。そうしたこともあって、遠藤さんは鶴岡では時間の使い方が豊かで、しかもゆったりと流れていると感じている。自然を感じられる一方で、まちなかキネマのような建物や文化遺産がしっかりと息づいており、藤沢周平をはじめとした文学者と作品が生まれたところでもあり、「歴史と風土を明確に感じられる土地である」とおっしゃっていた。

学生時代に滞在した鶴岡の街。そこに実際に住み、より深く鶴岡をかみしめることで、いっそう味わい深いと感じるようになった。

六　映画館を運営する苦労と変化

まちなかキネマができた当初は、ただちに多くのお客さんが集まったわけではなかった。まだ上映実績のない映画館だったため、配給会社から映画を提供してもらうことが困難で、上映できる作品も限られていた。作品がないということで、比較的手に入りやすかった旧作の上映を行ったり、マニアックなミニシアター系の映画を上映したりしていた。そのため、訪れるのは本当に映画好きのマニアの方や、青年時代から映画を観て育ってきた中高年の方が中心だった。それゆえに最初のうちは集客に大変苦労したようだ。

それでも皆が観たいと思うような、集客力のある映画作品を提供してもらうために、配給会社とは粘り強く交渉を続けた。そして何より山王商店街をはじめ、地域の人びとが応援してくれたおかげで、動員数も徐々に増えていった。まちなかキネマとそれに関わる人びとが努力を重ねたことで実績が上がり、そのおかげで多種多様な作品を上映できるようになっていった。

また、まちなかキネマは他のシネコンと比べると平日の動員数が多いそうで、それがひとつの強みとなっている。これは街の中心部にあり、ただ映画を観るだけではなく、他の用事のついでに気軽に足を運ぶことのできるまちなかキネマならではの特徴だろう。もうひとつ、他の映画館と異なる点は、鶴岡という地域に根差した作品を積極的に上映し、地域的なヒットを生み出していることである。『おしん』という、鶴岡出身の冨樫森監督の作品（もともとはＮＨＫで放送され、大ブームを起こした朝ドラがある）が上映されたときは、全国トップクラスの動員を記録したという。また、『殿、利息でござる！』（二〇一六（平成二八）年五月公開）のように、鶴岡市羽黒町にあるスタジオセディック庄内オープンセットで撮影された作品の場合は、公開にあたってキャストや監督が舞台挨拶をし、盛り上げにひと役買ったとのことだ。

七　まちなかキネマと地域の関係

遠藤さんのお話を通して、「地域」というワードがたくさん出てきた。それくらいまちなかキネマの存在は地域と切っても切れない関係にある。

そもそもまちなかキネマは、鶴岡の中心市街地の活性化に貢献する、というテーマのもとに作られており、地域との連携を図っている。そのひとつが映画の半券を用いた「半券持ってゴ〜！」という取り組みで、映画を観た後に手元に残る半券をもって「まちキネ協力店」のお店に行くと、割引や様々なサービスが受けられる。映画を観終わったらまっすぐ帰るのではなく、半券をもって商店街で買い物や飲食をしていこうという動きを作り出そうとしている。

こうした取り組みは、他の映画館、とくにショッピングモールに入っているシネコンなどでも行われているが、たいていは一日のみ有効である場合が多い。しかしまちなかキネマの半券は、当日どころか一年間有効である。それはレイトショー作品を観た後、周りのお店で半券を使おうとしてもまず閉まっているので、使える期間を長く設定すれば利用率も上がるだろう、という考えに基づいている。実際に利用率や回収率を調査してみると、お店によって差はあるものの、特定の店ではよく利用されていることがわかった。

「半券持ってゴ〜!」の企画は、個別では宣伝をすることが難しいお店の知名度を上げることにもつながる。そうした形で地域と連携して、お互いを盛り上げていければいいと遠藤さんは考えている。

写真 8-16　まちなかキネマで開催されたイベント「つるおか食のおいしい映画祭」（まちなかキネマホームページ）

山王商店街では、定期的にナイトバザールやデイバザールといったイベントを行っており、その際には映画館の駐車場を提供するといった協力も行っている。東北芸術工科大学のデザイナー志望の学生たちが、ナイトバザールやまちなかキネマとタイアップし、まちなかキネマで作品の展示やワークショップを行ったりもした。

地域との連携のなかで、まちなかキネマの利用法は柔軟で多種多様だ。こちらを会場にしたイベントの種類は様々だ。地域の企業の持ち込み企画、東北芸術工科大学の学生たちの作品展示やワークショップ、映画監督を呼んでのトークイベント、食品メーカーの新商品発表、絵本の読み聞かせや勉強会、バンドのライブ、婚活イベントなど、すべてを挙げきれないほどである。最近では個人でも簡単に映像作品を作ることができるので、自分の作品を映画館の大きいスクリーンで観たいというニーズも出てきている。

シアターだけでなく、エントランスホールも面白い利用のされ方をしている。この場所を会場に開催されたセミナーが終わり、机を片付ける。するとついさっきまでセミナーの会場だった場所が、そのまま懇親会の会場に変わるといった使い方もできる。かと思えば、普段のエントランスホールには、ジュースを飲みながら勉強しているような高校生の姿も見られたりする。映画を観ない人にも開放された空間なのだ。

そして地域とのつながりを感じさせる最たる例は、鶴岡市役所の方がまちなかキネマを講演会やシンポジウム、リノベーションスクールといったイベントの際に利用しているということである。本来そうしたイベントは、公共の施設を使って開催されるのが一般的だが、あえて場所をまちなかキネマに据えて活用している。

こうした連携には大きな意義がある。まちなかキネマは映画館として経営していくには非常に経費がかかるが、その事業を支援するという意味も込めて、様々な人びとに関わりをもたせるような形の協力をしてくれている。

写真 8-17　市内の小中高等学校で配られる「まちキネ」映画割引券

もちろん映画館としてのこだわりや新しいことの試みも行っている。その一例が「ママいっしょに鑑賞会」という企画である。子どもがいるお母さんたちは、普段なかなか自分の観たい映画を観られない。そんなお母さんたちのために、このときには一角に仕切りを設け、授乳スペースを作ったり、子どもが騒いでも大丈夫ということにして、映画の音量を少し下げたり、客電を半分薄明かりにし、手元が見えるようにして上映する。そうすることで、映画から離れてしまっている人たちにも映画館と関わりをもってもらえるようにしている。小さな映画館ならではの柔軟さでもって地域を思い、これほど地域の人びとに思われている映画館は他にはないのではないだろうか。

八　「地域にとってどうか」を考える

まちなかキネマは「まちづくり鶴岡」という企業が運営している映画館であり、発足当初から地域への貢献ということを考えながら発展してきた。街なかに存在する映画館として周辺の商店街などと連携することも多く、行政とは異なった、民間の目線からのまちづくりに貢献している。

企業として意思決定をするときには必ず「地域にとってどうか」という点にこだわっているという。民間企業であれば、どうしても利益というものを優先して考えてしまうが、まちなかキネマでは「地域にとってどうか」、「地域にプラスになるか」を考えて様々な選択を行うようにしている。遠藤さんご自身も、やはり地域の人たちとのつながりが大事だと、鶴岡にきて身をもって学んだという。

まちづくりという目標に向かっては、行政と民間といった枠組みを超えた取り組みも生まれつつある。まちなかキネマでは、映画割引券を作って市内全ての小中高等学校で配布している。通常、営利目的の民間企業に、行政側の教育委員会が協力するというのはなかなか難しいことである。しかし、そうした協力が実現したのは、まちなかキネマが地域に貢献する役割を担っていることが認められたからである。この割引券を学校で配布し、子どもたちがそれを家庭にもって帰ることで、親子のコミュニケーションが生まれ、一緒に映画に行こうということになる。大型施設のなかにあるシネコンに行くと、たいていは映画を観るだけでは終わらずに、ついつい予定外のお金を使ってしまう。しかしまちなかキネマなら映画を観て、ポップコーンを買う程度で終わるので、それならそちらに行こうということで選んでもらえる。そうした地道な努力の積み重ねでもって地域に貢献していくことで、まちなかキネマは成り立っている部分があるという。

　映画作品のラインナップも、またイベント会場としても充実しつつあるまちなかキネマだが、こうした流れは映画の配給会社や利用者との信頼関係があってのことである。そうした信頼関係は、何よりもまちなかキネマが地域活性化に貢献しようとしているからこそ築かれるものなのではないだろうか。

九　映画を通して次の世代に伝えたいもの

　次世代に伝えたいものを遠藤さんにうかがったところ、今はまだ自分のことでいっぱいいっぱいで思いを馳せられない、とおっしゃっていた。それでも遠藤さんが強く感じていることがある。それは鶴岡の人たちの地域への愛情の強さだ。ご自身の故郷と比べても、それは顕著に感じられる。鶴岡の地域を愛している人びとは「鶴岡のためにいいことを」と考えている人が多い。外からやってきた遠藤さんの視点からの印象だ。だからこそ次世代に対しては、この地域に残って、いい状態で地域を次の代へ、そしてまた次の代へと引き継いでいけるような人が活躍し、住みよい暮らしを続けられるような街になってくれるといい、と考えている。そのためには映画館を存続させ、地域の経済がしっかりと回るようにすることが大事だという。

写真 8-18　エントランスホールで遠藤さんにお話をうかがう

遠藤さんは、次の世代に残るような映画館のあり方を考えている。今の世代は配信されるコンテンツの量が膨大なために、じっくり味わうという感覚が少し薄れている。そんな時代だからこそ、映画館は映画以外のコンテンツを提供して、みんなで盛り上がれるようなものを用意したり、お客さんが興味をもっているものに合わせたコンテンツを増やすことで続いてきている。これから先、映画館が生き残るためには、いかに幅広い層をいかに楽しませるか、そういう工夫をしていくことが必要だとおっしゃっていた。

鶴岡の絹織物産業の面影を伝え、新しいにぎわいの拠点として地域に貢献するために作られたまちなかキネマ。昔は地域の基幹産業の工場として鶴岡の経済を支え、今は単なる映画館の型にはまらない、自由な空間として地域と結びついて鶴岡の街を支えている。この地域を愛し、地域に愛される映画館は、これからも鶴岡の姿を映し続けることだろう。

参考文献

・大瀬欽哉『鶴岡百年のあゆみ―続・城下町鶴岡―』鶴岡郷土史同好会、一九七三年。
・大瀬欽哉・斎藤正一・佐藤誠朗編『鶴岡市史 下巻』鶴岡市役所、一九七五年。
・庄内シネマ年表（http://www.s-eigamura.jp/html/cinema3.html）（最終閲覧二〇一八年九月一八日）。
・まちなかキネマホームページ（http://www.machikine.co.jp/）（最終閲覧二〇一八年九月一八日）。
・山形県鶴岡市観光連盟ホームページ（https://www.tsuruokakanko.com/movie/semi.html）（最終閲覧二〇一八年九月一八日）。
・KIBISO shop（https://www.t-silk.co.jp/）（最終閲覧二〇一八年九月一八日）。

（二〇一七年調査）

第九章　人びとの集いの場、若い夢を育てる空間に

―ワタトミ―

一　見る者の目を驚かせる三階建て

　かつては荒町と呼ばれていた鶴岡山王商店街（以下山王商店街）のちょうどなかほど、鶴岡郵便局のはす向かいに、三階建ての商店、ワタトミがある。

　正面から見ると、少し反り返ったような瓦屋根が、兜のような印象を与える。少し脇に寄って眺めてみると、すぐ隣の敷地は駐車場になっているので、奥まで建物の全体を見渡すことができる。通りに面した部分は三階で、それに二つの二階建ての建物、一番奥には平屋の建物が連結している。通り側から屋根の高さが四段階で低くなっていて、その姿も面白く、何とも不思議な印象の建物である。その内部はどうなっているのだろう?と好奇心をそそられる。

　あらためて正面を見ると、左手には店名のワタトミの、右手には信用金庫の看板がそれぞれ掲げられている。郊外のスーパーなどでは、店内に銀行のATMが入っているのは珍しくはないが、歴史のありそうな建物にATMが同居しているのも珍しい。側面には「みちくさ舎」、「秘密基地的コミュニティスペース」と書かれ、建物の裏手へと誘う看板もくっついている。ますます不思議な感じがする。

　いったいこの建物はどのようなものなのだろうか。そんな疑問を抱きつつ、所有者の渡辺四郎さんに、この建物の歴史、現在の姿、そしてこれからについて、さらにワタトミのなかに誕生したコーヒー店を営む岡部千信《かずのぶ》さんに、開店に至った経緯と建物への思いについて、それぞれお話をうかがった。

二　老舗の呉服屋を受け継ぐ

　現在ワタトミの店舗として利用されている建物は、一九二二（大正一〇）年に山口呉服店として建てられたもの

写真 9-1　1921（大正 10）年の水害時の大泉橋
『目で見る鶴岡百年　上巻』

写真 9-2　昭和初期の荒町通り
中央やや左奥（右側の電柱の手前から３本目の脇）に山口呉服店の建物が見える
★

である。この年の八月、鶴岡は大きな水害に見舞われている。その様子を写した写真には、まだこの建物が写っていないので、それ以降に完成したのだろうか。

一九九七（平成九）年に、現在の所有者である渡辺さんが購入した。当初は蔵が魅力で、商品を保管することを目的としていた。ワタトミは渡辺さんのお父さんが創業した呉服店で、渡辺さんは二代目のご主人である。もともとは日吉町の商店街で営業していたが、二〇〇七（平成一九）年に店舗もこちらのほうに移転した。

前の所有者である山口呉服店とは、同業者ということでお付き合いもあり、以前から建物のことも知っていた。後継者がいないということで手放すという話を聞いて、譲り受けることにした。呉服店から呉服店へという形になったことは、渡辺さんにとってもありがたかったとのことだ。

山口呉服店は、かつて多くの呉服店が並んでいた山王通り（当時は荒町通り）のなかでもひときわ大きなお店だった。白壁塗りの三階建ての建物は、今ももちろんそうだが、昔から目立つ存在だった。大泉橋のあたりから写した古写真にも、かつての山口呉服店の三階の屋根が見える。三階の部屋は、接待用のスペースであったようだ。お祭りの際には行列を上から眺めることができる。実際、とても眺めがいいそうだ。

大泉散士の『鶴岡雑記帖』には、大正時代の荒町通りのなかでもこの山口呉服店の三階建てが人びとの話題の的であったことが記されている。明治のころから建物が高いと税金が高く取られるので、どの店も二階の高さを抑えて建物を造った。そんななかに三階建てを建てたのだから、その盛業ぶりがうかがえる。また『鶴岡市史 下巻』には、荒町の山口呉服店の店主となった人が、高畑町の柿崎呉服店の店員を務めていたという記述がある。

渡辺さんの生業であるワタトミは、九〇年ほど前にお父さんが独立開業する形で始まった。元の屋号は丸安呉服店。お父さんの名前から付けた店名だそうだ。移転を機に屋号を現在のワタトミに改めた。「ワタ」は苗字の渡辺から、「トミ」は渡辺さんのお母さんの名前から付けた。偶然にも、交流していた東京の大きな問屋さんの名前にも「トミ」が付いていた。そこでこの二文字にこだわって付けたとのことだ。老舗のような店名でありながら、実は渡辺さんのお母さんへの思いが込められたものなのである。

当初は倉庫としてこの建物の一部を使用していたが、日吉町の店舗が手狭になったこと、また倉庫から店舗まで商品を運ぶ手間が負担になってきたこともあり、思い切って店舗もこちらに移転した。その際に道路に面した一角の五坪ほどのスペースを、銀行に貸してATMを設置することにした。面積の大きい建物だけに、どう使うかをいろいろと考えたが、賃貸収入が得られるようになったことは心の余裕を生んだ。大きく商売をすることも考えたが、身の丈に合って目の届くくらいの仕事のほうが楽なのだそうだ。

　現在の法規制のもとでは、木造三階建ての建物を建てることはできない。それだけにワタトミの建物は貴重な存在だが、なかなか頑丈な建物とのことだ。ただ、維持や保全は大変である。これまでに瓦や雨戸の修繕などを行っているが、三階建てだけに、足場を組むような工事になってしまう。渡辺さんが取得したときも、意外なほど傷みは少なかったが、それでも外回りは修繕が必要だった。

　昔の建物であるため、どうしても階

写真 9-3　3階に上がる

写真 9-4　お城の天守閣を思わせる造りの階段

写真 9-6　3階から山王日枝神社方向を望む

写真 9-5　3階から大泉橋方向を望む

段や廊下が狭い、といった制約がある。部屋の数が多いわりに押入れがない、といった現在の暮らしに合わない部分もあるが、補修は最低限に抑え障子や襖などの内装も含めて維持していきたいとのことだ。

三　内蔵を活用する

ワタトミの建物には相当な奥行きがあり、通り土間を一番奥まで通り抜けて、外に出ると、すぐ目の前に鶴岡まちなかキネマ（第八章で紹介している）が見える。その途中、表通りから三番目の建物は、一見すると外からはわからない内蔵《うちぐら》が存在している。これは鶴岡の町家に多く見られる特徴的な造りだそうだ。

渡辺さんは、もともとは商品をストックしておくための蔵に惹かれてこの建物を購入したが、流通業が発達してきた今日では、在庫を保管しておかなくても品物が即日で届くようになった。昔は品物も在庫もすべて内蔵のなかに積んで置かなければならなかったし、メインの商売が呉服店であっても、寝具といったかさばる商品も取り扱っていたため、バックヤードが必要だった。しかし現在ではそうした蔵本来の機能が必要なくなったという。

写真 9-7　通り土間

写真 9-8　奥まで続く通り土間　左は内蔵

写真 9-9　裏手から見た建物
2017（平成 29）年 7 月撮影

蔵の使い方を模索していたとき、山王町家再生協議会との出会いがあった。

中心市街地にある建物の状態や耐震性などを調査するプロジェクトに手を挙げた。勉強会にも参加して、情報を仕入れたりした。すると早稲田大学の先生たちからも注目されるようになった。建物の調査については、よそから人が入ってきて、写真を撮られたりするので、それを嫌がる人もいたが、渡辺さんはここが生活の場ではないこともあり、積極的に協力した。隅から隅まで調べられるというのは、ちょっと勇気のいることでもあったが、間口を開くことで新しい使い方についての感触が得られると渡辺さんは考えた。

写真 9-10　みちくさ舎の看板

写真 9-11　建物の側面にもみちくさ舎の看板がある

　このときに行われた建物診断の結果、三〇人くらいは上がっても問題ないと診断されたことに加え、山王町家再生協議会のほうでなんとか蔵を活用できないか、という話になったことをきっかけに、コミュニティスペース「みちくさ舎」としてリノベーションされ、貸し出されている。運営は特定非営利活動法人「公益のふるさと創り鶴岡」が中心となり、子どもたちの合宿からジャズの練習、会議の場所などジャンルにとらわれない様々な用途に利用されている。

　ちょっと集まる場所、気軽に飲食できる場所がほしいという周囲のニーズにも応えて、時間や係員を置くといった規制をできるだけ設けないようにしている。利用者からは、「ここやめないでくれよ」とよくいわれる。それだけ気に入られているのだろう。渡辺さんとしても、自由に気楽に集まれる場所として今後も残していけるようにしたいとのことだ。

　「みちくさ舎」へのスペースの提供

写真 9-12　内蔵の扉

写真 9-13　内蔵の１階のスペース

写真 9-14　合宿にも使われる内蔵２階

写真 9-15　天井を支える見事な梁

は、店舗と住居が一緒になっているような、商店街に多いお店の形態ではなかなか難しいだろう。渡辺さんの場合は、両者が別々であり、かつ店舗が大きいことによってこうした取り組みが可能になった。それは商店街の活動にもひとつの風穴を開けるものだといえよう。また、スペースの提供は、商売にもメリットがあるという。「ワタトミっていうのはみちくさ舎のところの」といわれれば、それがお店の宣伝にもなる。そうした相乗効果もある。

ワタトミは、表通りと裏手とで、二つの顔をもっている。渡辺さん自身がもちたいと思ってそうしている。これは全体の面積の割に、間口は狭いが、奥行きがあり、裏通りとつながっているという、鶴岡に多い町家の形だからできることだ。このように、ワタトミの建物は、年輩の人に愛される呉服店と、若者の利用が中心の内蔵を、現代のニーズに適応させたリノベーションの先駆けの空間という、二つの顔を併せもっているのである。

四　かつての風呂場がコーヒー店に

二〇一七（平成二九）年一〇月二一日、内蔵よりもさらに奥、裏通りに面した、かつては風呂場であった場所に「千一珈琲」がオープンした。お店を営むのは、岡部千信さんと浩美さんのご夫妻である。

私たちが訪問したとき、店頭に並んでいたコーヒー豆は、全部で一五種類。そのうち五種類はブラジル産で、残りの一〇種類は世界各国のものであった。岡部さんによればコーヒーには「国の味」があり、お客さんの好みも「国」ごとで異なっていたりするそうで、多彩な品ぞろえになっている。コーヒー豆の流通は、その国の政情不安や環境問題といった要因によって左右される。したがってコーヒーは世界情勢を知るきっかけにもなるとのことだ。

「千一珈琲」を開店する前の岡部さんの職業はシステムエンジニアであった。東京生まれ東京育ちの岡部さんが鶴岡に移住するきっかけは、奥様の浩

写真 9-16　この奥の部分がコーヒー店に生まれ変わった

写真 9-17　新たに開業した「千一珈琲」

写真 9-18　デザインもおしゃれな「千一珈琲」の看板

美さんが鶴岡出身だったことである。岡部さんはIターン、浩美さんはUターン、ということになる。岡部さんご自身は東京出身だが、お父さんは鹿児島出身で、南洲神社を訪れたこともある。「徳の交わり」で鹿児島とつながる鶴岡に移住したのも何かの縁かもしれない。

写真 9-19　岡部千信さん・浩美さんご夫妻

もともとコーヒー好きだった岡部さんは、パンや菓子を作ることも好きで、その勉強もしていた。当時岡部さんが住んでいたすぐ近くには、東京のコーヒーの名店のひとつとして名高い「カフェ・バッハ」があった。「カフェ・バッハ」の店主・田口護さんのコーヒーの味に感銘を受け、開店に向けたノウハウを学び、コーヒー店を開くことを決意した。

　鶴岡には、「カフェ・バッハ」の系譜を引く岡部さん、さらにコーヒー好きには名の通った、吉祥寺の往年の名店「モカ」の系統を受け継ぐ「コフィア」があり、二つの大きな潮流が流れていることになる。岡部さんによれば、鶴岡市は一三万人の人口に対して自家焙煎のお店が八つもあり、専門性の高いところも多く、隠れたコーヒーの街である。

　コーヒーにも当然ながら流行がある。それはファーストウェーブと呼ばれる喫茶ブームが終わり、スターバックスコーヒーに代表される、ミルクを使ったシアトル系のセカンドウェーブ、ハンドドリップで飲ませるサードウェーブ、といった形で展開してきた。最近のコーヒーブームの背景には、コーヒーそのものの変化もあるという。スペシャリティといわれるような専門性が高く、すっきりとした飲み味のコーヒーが喫茶店でもコンビニでも扱われるようになったり、明るく酸味のあるコーヒーが若い世代に受けるようになってきたとのことだ。

　そして現在はホームカフェ、おうちカフェの流行というものもある。それぞれがこだわりをもったコーヒーを提供し、お客さんもそれを目当てにカフェめぐりをする時代だ。そうしたなかで、「千一珈琲」は豆売り専門店として営業している。

　岡部さんとこの建物の出会いのきっかけは、「鶴岡ナリワイプロジェクト」

による商店街のアンケート集計の仕事を引き受けたことだった。「鶴岡ナリワイプロジェクト」は、二〇一五（平成二七）年四月にスタートした、地域での起業を目指す人びとを対象に講座を開き、すでに五〇人近くの起業家を生み出しているプロジェクトである。

この仕事を行った際、阿部久書店（第六章で紹介している）の店主である阿部等さんに、この街の歴史や特徴を聞く機会があった。そして出店する先を探すことになったが、知っている土地であること、ランドマークがあるところ、といった条件で話を聞いていったところ、紹介されたのがワタトミの建物だった。

初めてこの建物を見たときには、果たして店舗にできるのか、というのが率直な印象だった。元は風呂場や倉庫であり、しかも裏口で、除雪も入らない。

現在、かつて漬物小屋だったスペースは生豆の保管に使われている。焙煎をしている場所は、以前のお風呂場や脱衣所だったところで、スペースの広さは昔のままである。ガスや水が通っており、かつ道路に面しているというのは、よくよく考えてみると店舗にするうえでは都合がよかった。

もともとコーヒーは専門性が高い商品なので、路面店の吸引率を気にするよりも「信者層」と呼ばれるグレードの高い顧客層を培いなさいという、師匠の田口さんの教えが岡部さんの頭のなかにあった。さらに阿部さん、家主の渡辺さんのアドバイスも受けて、この場所に出店することを決めた。

五　人とのつながりを大切に

お店を営むうえでは、いわゆる「ソーシャルネットワーク」、個々のつながりを大切にしている。仕入れ業者もお客さんも、小さなつながりをきっかけに、それが広がっていくように心がけている。その入口を作ってくれたのが「鶴岡ナリワイプロジェクト」であり、街の人びととのつながりを広く、深いものにしてくれた。お店のなかにあるコーヒー豆の麻袋を再利用したカーテンも、「鶴岡ナリワイプロジェクト」の仲間が作ってくれたものである。

写真 9-20　コーヒー豆の麻袋を使って作られたカーテン

商店街に新たなメンバーとして加わる際には、当然ながら長い蓄積をもつ

人びととのギャップはある。だが岡部さんは先達たちの動きについて回りながら溶け込んでいった。山王商店街の人びともあたたかく迎え入れてくれた。そうした商店街の雰囲気に加えて、ナイトバザールの存在も大きいと岡部さんは考えている。岡部さんはナイトバザールを、「ソフトとしてのランドマーク」と表現する。「ナイトバザールといえばあの商店街だよ」といってもらえる、ある種の宣伝効果、二五年続けていることの資産的な価値は他にはなかなかないものである。ナイトバザールがきっかけでお店に足を運んでくれる人も多い。

そうしてやってくるお客さんは、若い人びとから高齢層まで幅広い。そのなかでも中心となっているのは、四〇～五〇歳代の主婦層や、趣味としてコーヒーを楽しむ男性である。

散策のついでに立ち寄るお客さんもいる。春先から風除室にお花を飾り、二ヶ月に一度ほどのペースで変えていったところ、それに目を留めてお店に寄る人、特徴的な看板を見てコーヒー屋さんだと知ってくれる人なども増えてきた。店内でコーヒーを飲むことを期待して入ってくるお客さんは、豆売りが専門のお店だと知っても、たいていは豆を買って帰ってくれる。

コーヒー豆を買う際には、必ずといっていいほどその豆の由来や特徴を岡部さんに詳しく語ってもらえる。それはひとつの物語である。そうしているのは、まずひとつにはご自身がコーヒー好きだからである。その次に、お客さんたちがわからないこと、農園の様子や淹れ方を伝えることで、わかりやすく、敷居を高くないようにしたいという思いもある。他方で専門性を求めるお客さんには、それに応える努力もしている。価格のことまで含めて、正直にオープンに話す、というのが岡部さんのスタンスだ。

写真 9-21　焙煎機（奥）と多彩な種類の豆

写真 9-22　岡部さん（中央）にお話をうかがう

六　庄内の風土とともに

農業が主要な産業である庄内という土地においては、お客さんにも農業とリンクした話をすることで販売の促進にもつながる。お米の品種にルーツがあるように、コーヒー豆にもルーツがある。お米の品種改良の物語とコーヒーとを重ね合わせて買っていくお客さんもいる。

岡部さんは一年に一度くらいのペースで、ブラジルまで足を運び、ご自身の目で確かめた豆を仕入れている。生産現場を知っておくことが、焙煎をする際にも役立つという。

生産現場にまでわざわざ足を運ぶのは、現地に行って初めてわかることも多いからである。フェアトレードやサステナビリティといったことを意識する人も多いなかで、児童労働や労働者の置かれた状況を問われることもある。そうした問いに対する答えを提示できるのは、実際に現地の様子を見てきているからである。それで納得してコーヒーを買う、というお客さんもいる。

岡部さんの感じる庄内のお客さんの気質は、「一回付き合ってくれると長く続く」というものだ。さらにお客さんと長く話していると、同じ庄内でも鶴岡、酒田、余目、三川といった細かな地域性の違いにも気づくという。

一般に東北地方では喫茶店を開くのは難しいといわれている。その理由は東北では外でお茶を飲む文化があまり定着していないから、というのが岡部さんの師匠である田口さんの分析であった。焙煎の好みにも地方による違いがある。福岡や北海道では浅煎り、東京は中煎り、東北地方は深煎りがそれぞれ好まれる。さらには名古屋の喫茶店文化の広がりといったこともある。

一面においては、世界情勢を見つめ、もう一方では国内の地域性や文化の違いにも気を配る。他の商売にも共通することだろうが、技術に加えて深い洞察力や分析力の大切さも、岡部さんのお話の端々から伝わってきた。

現在は豆売り専門店の「千一珈琲」であるが、ワタトミの内蔵を利用してカフェを、という声もある。そうした周囲の期待も受けて、岡部さんは現在、様々な構想を練っている。

近年は国際交流がますます盛んになってきたことに加え、鶴岡には国際交流村（鶴岡市国際交流センター出羽庄内国際村）もある。海外の人が日本語以外のことばで会話することができて、気を休められる場所を作りたいという、具体的なビジョンに共感した家主の渡辺さんも、スペースを初年度は低料金で貸し出す形で応援している。コーヒーの魅力を伝えたいという岡部さんの思い、ワタトミの空間で生まれる楽しいひとときと国際交流への渡辺さんの期待とが重なって、新たなプロジェクトが立ち上がりつつある。

七　頼りにされるワタトミの仕事

ワタトミはもともとは呉服店だが、その経験から、呉服以外の、また他の地域からの仕事を引き受けることも多い。一九九〇年代になってから、鶴岡はもちろんのこと、関東地方に至るまでの祭事用品を扱うようになった。呉服店の数が少なくなってきたことで、祭事に必要不可欠な商品の調達が困難になり、頼りにされる存在となってきた。

　渡辺さんが見せてくださったのは、獅子舞の衣装だ。麻の布を染物屋で染めてもらって用意する。何十年も使い続けるとボロボロになって、新調する必要が出てくる。だが、すぐ近くで用意してくれるお店はなくなっている。そうすると、口コミでワタトミの評判が伝わり、仕事の依頼がくる。つい最近は、宮内庁と取り引きしたそうで、そのときには流鏑馬で使う衣装を用立てた。こうした伝統行事で使用するものは、たとえば足袋ひとつ取っても普通のものとは違う。そうしたものを用意して納める。この仕事は渡辺さんにとってもひときわ感慨深いものであった。

　鶴岡周辺には、今日まで受け継がれている伝統的な芸能がある。黒川能や山戸能、山五十川《やまいらがわ》歌舞伎といったものである。その際の衣装なども、若い経験のない人では見積もりを立てることすら難しい。だから経験豊富なワタトミが頼りにされる。単に商品を左からもってきて、右に売る、といった商売ではなく、結構面倒な仕事ではある。しかし付加価値のあるものを売ると、リピーターが付く。地元でアフターサービスまで面倒を見てくれるので、注文が続いてくる。この近辺では渡辺さんにしかできない仕事だ。鶴岡でも代が変わると他の店ではやらなくなってしまう。「やれる人が自分しかいないならもう少し頑張りたい」とおっしゃっていた。

写真 9-23　実際の商品を手にお仕事について説明していただく

　一方で、衣装を売る仕事は、渡辺さんの代で切り上げようとも思っている。固定客というのは、お店の人（ワタトミでいえば渡辺さんのような店主や店員さん個人）に付くことが多く、ある程度条件がそろって回転する。だから何年も続けていくのは難しい。洋服の時代に、また着物に戻るということもありえない。すでに呉服は借りるのが中心、という時代に変わっている。それに順応して、回り舞台のような社会に合わせて変化するというのは、小規模な商売ではなかなか難しい。だからじわじわと覚悟していかないとダメだと思う、とおっしゃっていた。

「信用と誠実さをもってやれば、商売は、どんなことでもやっていける」という渡辺さんのことばに、お仕事に対する強い誇りを感じた。

八 活気ある商店街づくりのために

渡辺さんは鶴岡生まれで、この界隈で育った人である。山王日枝神社（渡辺さんはお山王神社と呼ぶ）にまつわる思い出がたくさんある。五月中旬の例大祭の日には、今よりもずっと多くの人が集まり、お店もたくさん出ていた。あの神社があるのはとてもありがたい。とくに商店街にとっては、神社や広場があるということは、人が集まる機会や場所があるということであり、商売を行ううえでも何かと有利だそうだ。

この界隈も、長年にわたって眺めてきた。大泉橋からの眺めの構図は、それほどは変わっていない。それは街の人がしっかりと維持してきたからだ。もちろんワタトミもこの眺めの維持にひと役買っている。

現在の山王通り、かつての荒町通りは、もともと栄えた商店街だったが、終戦後には現在の銀座通りのほうにお客さんが流れてしまい、一時期は衰退したという。しかし、郵便局が移ってきたことで、再びこの界隈が栄えるようになった。一日に八〇〇人以上が訪れる郵便局があることが、商店街にもメリットをもたらしている。とくに二か月に一度の年金支給日には、出張も控えてお客さんを出迎える。

渡辺さんの近隣のお気に入りの建物は、木村屋本店である。洋風も兼ねているような、そんな感じがいい。子どものころから木村屋のお菓子を気に入って、今でも変わることがない。

大きな変化は、やはり電線を地中化し、歩道が拡幅されたことだ。地中化によって、道が広く感じられるようになった。街灯が現在の形になったときには、初めは暗いと感じた。でも現在はこの雰囲気にもすっかり慣れている。

山王商店街での渡辺さんの商売は、昔から続いているお店と比べると、比較的最近始まったといえる。しかしまちづくりへの思いや取り組みは、決してひけを取らない。むしろとても積極的だ。今の街の姿も、個々のお店というより、商店街としての取り組みが結実したものだと考えている。

これからの商店街のあり方について、渡部さんは「若い人が関心をもつような商店街にしないといけない」、「と同時に高齢者のたまり場になるような商店街にしないと」とおっしゃっていた。それはただ若い人がお店をやればいいということではない。

もともと昼間に営業する販売業が店を閉め、代わりに夜に営業する飲食業が増えると、昼間にシャッターが閉まったままの店が多くなり、活気がない商店街に感じられてしまう。他の商店街と比べて現在の山王商店街が活気を保てているのは、今も販売業を行っている店が多いことが理由のひとつではないかとのことだ。高齢化によって閉店する店が多いなかで、若い人が新たに開業するという流れを生み出すことは簡単ではない。土地を借り、店を建てるといったことを一から行うためには、元手となる資金が必要となってくるからだ。その流れを作るためには、昔の建物を現状維持しながら若い人に継がせたり、お金をかけ過ぎないようにリノベーションを行ったりと、次の世代が活躍しやすい環境を作ってあげる必要があるという。そうした取り組みを進めている山王商店街だからこそ、「私はここはこれからもずっと維持できると思う、この街は」と渡辺さんはおっしゃっていた。

「今の商売はあと何年続くかどうか、私の代は足腰が丈夫なうちはやる予定だ」と渡辺さんはいう。家業としての商売の将来への懸念は多少はある。その一方で、内蔵や建物の活用や、今後の商店街の展望については、前向きな希望をもっている。「若い人が内蔵を活用したいと相談にくるときは、半分乗り気になる」と渡辺さんは若者の相談にも積極的に乗るのだという。流通や客層の変化に対応し、これまで呉服店として商売を営んできた渡辺さんの、「時代に合う仕事をしなければいけない」、「若い人にとって有効な使い道があるのなら協力的な気持ちがないといけない」という柔軟で包容力を持つ姿勢は、これからの商店街や地域が活発であり続けるための極意といえるのではないか。渡辺さんが思い描くワタトミの将来像は、建物そのものと同じくらいに、奥行きの深いものである。

写真 9-24　渡辺さんにお話をうかがう

参考文献

・大瀬欽哉『鶴岡百年のあゆみ—続・城下町鶴岡—』鶴岡郷土史同好会、一九七三年。

・大瀬欽哉・斎藤正一・佐藤誠朗編『鶴岡市史 下巻』鶴岡市役所、一九七五年。

・春日儀夫編『目で見る鶴岡百年（付酒田）上巻』エビスヤ書店、一九七六年。

・春秋庵獲麟編『鶴岡市案内 附、三温泉、善宝寺、三山神社』エビスヤ書店、一九三三年。

・山王町家再生協議会『平成二五年度 歴史的風致維持向上推進等調査「歴史的価値と現代的価値の双方からの建築物評価をもとにした地域のあり方共通認識形成の試行等（山王町家再生協議会）」報告書』国土交通省都市局、二〇一四年（http://www.mlit.go.jp/common/001038824.pdf）（最終閲覧二〇一八年九月一八日）。

・山形県教育委員会編『山形県の近代化遺産—山形県近代化遺産総合調査報告書—』山形県教育委員会、二〇〇一年。

・鶴岡ナリワイプロジェクトホームページ（http://tsuruoka-nariwai.com/）（最終閲覧二〇一八年一二月一三日）。

（二〇一七年調査、二〇一八年追加調査）

第十章　鶴岡と江戸川をつなぐ交流の館

―山王町江鶴亭―

一　目新しい白壁の町家

　かつては荒町と呼ばれ、山王日枝神社の門前町として、また酒田からの物流の拠点として栄えた鶴岡山王商店街（以下山王商店街）。そのなかに白壁と黒塗りの柱や窓の格子のコントラストが美しい町家の建物がある。脇には「江戸川区　鶴岡市　交流の館」と書かれた看板がある。これが山王町江鶴亭《こうかく》（以下江鶴亭）である。江戸川と鶴岡の一文字ずつを名前に冠した建物だ。

　ギャラリーや貸しスペースを有する江鶴亭としてのオープンは、二〇一三（平成二五）年。その歴史はまだ浅い。しかしこの建物じたいは建てられてからゆうに一世紀以上の歴史をもつ。一時は空き家となり、いつ失われてもおかしくないような状態にあった建物は、地元出身の人、立地する商店街の人びとの協力によって再生・復活した。現在は全国的な広がりを見せているリノベーションの先駆けのような存在だ。

　江鶴亭は、いかにも昔ながらの町家らしい建物である。山王通りに面した正面から見た印象よりもずっと大きい。つまり、間口は狭く、奥行きが深い。部屋の数も思った以上に多い。外から見るのとなかに入って見るのとでは、全然違う。笹原美穂さんは、そんな江鶴亭で、オープンしたときから現在まで管理運営をされている方である。お仕事を通して日々接しているこの建物の特徴や思いについて、お話をうかがった。

二　江鶴亭の成り立ち

　江戸時代から明治時代にかけて建築されたとされるこの建物は、もともとは商家で、明治の末ごろからは丸庄呉服店が営まれ、さらに昭和に入ってからは化粧品や雑貨も扱ってきた。かつての姿を写した写真を見ると、向かって右手には呉服店、そして左側には菓子店が同居している。両方のお客さんを同時に取り込もうという狙いがあったのだろうか。

写真 10-1　丸庄呉服店時代（江鶴亭提供）

　丸庄呉服店の大元は、柿崎呉服店といい、浜中街道の入口の高畑町に店を構えていた。丸庄という屋号は、柿崎呉服店の主人の名前が庄右衛門であることに由来しているのだろう。『鶴岡市史 下巻』の記述によれば、柿崎呉服店は仕事熱心であることで知られ、明治の末から大正に入るころには、他の転業・廃業した呉服店の顧客も受け継いで繁盛し、一九二一（大正一〇）年ごろには戦時利得税で呉服屋の第一位になったこともあるという。柿崎呉服店で修業した人のなかには、その後独立して鶴岡市内でも名をなす呉服店を立ち上げた人もいた。のちに荒町（現在の山王通り）で開業する山口呉服店（現ワタトミ。第九章で紹介している）もそのひとつである。荒町への出店は、この界隈が当時それだけにぎわっており、商売に有利と考えられたからだろう。

　こうした歴史をもつ建物ではあるが、現代に至って商店としての役目を終え、後を継ぐ人もおらず、四年間ほどは空き家になっていた。そんな状態を見た、鶴岡山王商店街振興組合理事長の三浦新さんと、鶴岡出身で江戸川区在住の実業家である芳賀敏和さんがともに立ち上がり、一般の人にも公開できるよう改修工事を行うことになった。芳賀さんは、この建物を買ってくれないか、という話がきたとき、やはり壊してしまうのはもったいない、改装して皆さんに見てもらうことが故郷鶴岡への恩返しになるのではないかと考え、自ら取得し、改修することにした。しかし実際に建物を調べてみたところ、空き家になっていた期間が長かったために傷んでいたり、歪みが生じていた場所などもあり、工事には時間がかかり、オープンまで二年ほどを要した。

写真 10-2　奥まで続く通り土間

　壁や床は新しくなり、新築のような美しさを取り戻した。その一方で、可能な限り元の建物を補修する形で改装され、全体像を崩すことなく、商家当時の雰囲気が再現されている。さらに入口から奥までが通り土間でつながる、かつてはこの界隈にも多くあった、伝統的な町屋（家）造りという昔ながらの建築様式も保たれている。こうした取り組みから江鶴亭は、古い建物をリノベーションする流行の先駆けとなったことでも注目されている。前の所有者のご家族の方も江鶴亭を訪れ、生まれ育った家を残してもらえてうれしい、と喜んでいたそうだ。

三　江鶴亭の現在

二〇一三（平成二五）年四月二五日にオープンした江鶴亭は、日・月曜日と祝日を除き、一〇時から一六時まで

写真 10-3　呉服店の部分を利用したギャラリー

写真 10-4　菓子店の部分に設けられたギャラリー

写真 10-5　洋風の雰囲気もある和室

写真 10-6　和室の向かいにある坪庭

無料公開されている。館内の各部屋は展示やイベントなどで使用することができる。正面の玄関からなかへ入ると、右手にかつての店舗の場所が現代風に改修されたギャラリーがある。ここには亭主の芳賀さんが自身で集めた皿や壺を展示している。左手もギャラリーとなっており、笹原さんのオフィスもこちらにある。通り土間を奥に進むと、右手側に一〇畳の和室が二つ並び、向かいにある坪庭を眺めることができるようになっている。この坪庭は笹原さんのお気に入りの場所だそうで、ここから夏の暑い日でも涼しい風が入ってくる。元の古いものが活かされた点に趣があり、最近の新築の家にないよさを感じられる。

　二つの和室の一方には、赤い毛氈が敷かれ、洋風のテーブルと椅子があり、床の間にはこれも芳賀さんのコレクションである鎧や兜、違い棚にはお皿などが展示されており、和洋折衷の独

写真 10-7　ギャラリーになっている土蔵の内部

写真 10-9　土蔵脇の休憩スペース

写真 10-8　特徴的な滑車の付いた土蔵の扉

写真 10-11　裏手から見た母屋の建物

写真 10-10　敷地はかなり奥まで続いている

特の雰囲気がある。

　奥の玄関を抜けると、右手に土蔵がある。こちらもギャラリーとして利用可能だ。土蔵の脇には、休憩したり、ものづくりをしたりできるようなスペースも設けられている。

　敷地の一番奥まで行くと、この界隈では一番高い建物であるホテル山王プラザがすぐ目の前にある。こんなに奥まで続いていたのか、と驚く。

　江鶴亭がオープンした当初は、入りづらいと感じる人も多かったようだ。なかを覗いてみたいが、入っていいものかどうか、躊躇し

写真 10-12　様々な用途に利用される２階の日本間

写真 10-13　２階の格子状の床から通り土間を見下ろす

写真 10-14　明かり取りのために床にはめ込まれたガラス

てしまう人もいたらしい。それでも展示会や演奏会が開かれたり、山王商店街で毎年行っている落語会やイベントでも利用される機会が増えたことで、だいぶ周知されてきたとのことだ。大学の落語研究会のＯＢ会を開催したときには、二〇代から八〇代まで、幅広い年代のお客さんが集まり、大いににぎわった。東北公益文科大学の学生や若者のグループの絵画展を行うなどして、若い世代を呼び込むような企画も行っている。若い人たちが二階の日本間を借りにくることもある。そうした人びとは、この建物の魅力に気づきやすいようで、笹原さんが思いつかないような使い方を提案したり、それを実行するという事例も多々あるという。笹原さんも今後もそうした若者の豊

写真 10-15　凝ったデザインの欄間の透かし彫り

写真 10-16　細かな細工に作った人のこだわりが感じられる

写真 10-17　随所に往時の豊かさを偲ばせるものが残る

かな発想力を楽しみながら積極的に協力していきたいと考えている。

それでも現在のところは、全体的な利用者は女性や年配の方が多く、主に琴や琵琶の演奏会、お茶会といった目的で使用されるという。そうなるとバリアフリーの時代に合わせた改修もいずれは必要になってくる。古い建物を活かしているため、階段や段差が残っており、車いすの方の利用をしやすくするなど、改善策を考えているとのことだ。

江鶴亭は、利用者のニーズに合わせてスペースを借りることができる。和室や洋室は一時間単位での利用が可能だ。ギャラリーなどの展示スペースは、これまでで一番長かったもので一〇日間の利用があった。商店街にとっても、会合やイベントに利用しやすい場所になっているようだ。江鶴亭にとっても、商店街からのサポートは大きな力になっている。意欲的なまちづくりに取り組んでいる山王商店街のなかに、江鶴亭も溶け込んでいるようだ。

四　江戸川区との交流

江鶴亭の入口に掲げられている看板は、江戸川区長の多田正見さんが揮毫したものだ。鶴岡市と江戸川区の交流のきっかけは、第二次世界大戦中の学童疎開にさかのぼる。江戸川区から多くの児童が鶴岡に疎開してきたのだ。そのことを物語る展示を、江鶴亭でも見ることができる。この学童疎開が縁となって、一九八一（昭和五六）年に両自治体の間で友好都市の盟約が結ばれた。そして現在でも鶴岡市と江戸川区の交流は続いている。

毎年五月に開催される鶴岡天神祭（別名化けものまつり）には、江戸川区からもバスで団体客が訪れる。江鶴亭の二階の部屋を借りて、化けものの衣装に着替えて通りを歩いたりするという。

時間の経過とともに世代交代も進み、徐々に学童疎開当時に苦労された人の話を聞く機会も少なくなってきている。なぜ友好都市として鶴岡市と江戸川区とがつながっているのか、その由縁を知らない人が増え、知らぬ間に長い時間をかけて築き上げてきた絆が絶えてしまうのではないかと、笹原さんは懸念している。「伝える人が途絶えてしまうと、古いけど何だか分からないものになってしまう」、そう笹原さんはおっしゃっていた。江戸川区と鶴岡市のそれぞれから一字ずついただいて付けられた江鶴亭という名前。この建物を引き継いでいくことで、後世に交友をつなげていきたいとのことだ。

写真 10-18　江戸川区長が揮毫した江鶴亭の看板

写真 10-19　美術品とともに交流の様子を伝える
パネルも展示されている

写真 10-20　江鶴亭に生まれ変わる前の丸庄呉服店
2010（平成 22）年３月撮影

写真 10-21　１階左側の部分が撤去される前の江鶴亭
2015（平成 27）年 10 月撮影

五　まちづくりとともに

江鶴亭のある山王商店街。歴史ある商店街であり、現在も写真館、ケーキ店、呉服店というようにお店はひと通りはそろっているが、それでもお客さんは郊外のショッピングセンターに流れている印象がある。笹原さんが子どものころでも、買い物に行くのは郊外のショッピングセンターや駅前が中心になりつつあった。それでも子どものころに立ち寄ったお店も残っていて、思い出深い場所である。時代の流れで仕方がないところもあるかもしれないが、やはり昔からの建物が更地になるのは寂しい。一方で、変わらない場所もある。山王日枝神社（お山王はん）には、子どものころ、よく遊びにきた。神社のお祭りも変わっていない。この神社のお隣にある、三友商会という酒屋さんは、笹原さんお気に入りのお店である。そちらの奥さんとも交流があり、趣のある建物も人も好きな場所だ。

江鶴亭の建物が、呉服や洋服を売っているお店だったことは笹原さんも知っていた。だがのちにそこが自分の勤める場所になるとは、夢にも思っていなかった。笹原さんは、同じ鶴岡市内でも、もう少し郊外寄りのところで育った。かつてはそれほど密接に関わることのなかった商店街に、現在はお仕事を通してなじんでいる。

鶴岡市内の商店街に共通していえることだが、徐々に若い人が買い物を目的に訪れる場所ではなくなりつつあり、以前のにぎやかさはなくなった。車社会によって駐車場がないとお店にこられない状況も商店街の静けさに拍車をかけている。しかし二五年ほど前から、山王商店街全体で街のにぎわいを取り戻そうという取り組みを始めた。そのひとつがナイトバザールであり、お客さんを商店街に呼び込む試みとして始まり、今ではすっかり定着している。

高速道路や庄内空港のような交通の便があるため観光客が流れている印象もあるが、鶴岡市が進めている歴史まちづくりを機に、観光客が増えてきたと感じるようになった。また歴史まちづくりがきっかけとなって、行政との関わりも密接になるなど、様々な方面から地域を立て直そうとする動きが見られるようになった。

そうした努力もあってか、地図を片手に街歩きをする女性や、山歩きのついでに商店街周辺を散策する人の姿も見られるようになった。少しずつではあるが、そうした変化によって、街が元気を取り戻しつつあるように感じられるという。

全国的な広がりを見せている、リノベーションまちづくり。鶴岡でも、鶴岡リノベーションスクールを中心として、熱心な活動がされている。二〇一五（平成二七）年七月には、江鶴亭を会場にして、鶴岡リノベーションスクールの第一回のトークカフェが開催された。以後講演会やパネルディスカッションなどが開催され、市内外から多くの人びとが集まった。山王商店街がもっている熱気のようなものがここに集まってくる。これも商店街からの江鶴亭への応援のひとつである。こうした取り組みをきっかけにして、誰もが気軽に入っていけるようなまちづくりができればいいな、と笹原さんは思っている。

六　江鶴亭のこれから

歴史ある建物の江鶴亭は、オープンにあたって大規模な改修が施されたため、現時点では維持に苦労するようなところはほとんどない。しかし管理をする立場から見ると、部屋の数が多いため、手入れや掃除は大変とのことだ。昔の家の造りであるため、夏は涼しいが冬はどうしても寒くて困る。また、先述のように階段や和室の段差について、バリアフリー対応を考える必要がある。古い町家の雰囲気を保ちつつ、使いやすさを考えた配慮をしていく。二つの課題と向き合いながら、江鶴亭の建物は、これからも進化していくのだろう。

「鶴岡と江戸川とを結ぶ友好の館として残していけるよう維持していきたい」という、芳賀さんや商店街の人びとの思いによって現代に蘇った江鶴亭。この歴史と思いが込められた建物を後世に残していきたいという思いを、笹原さんのお話から感じることができた。訪れたお客さんは総じてこの江鶴亭を「いいのー」といってくれる。そうした反応に対して、笹原さんも「はい、いいと思います」とおっしゃっていた。管理する人、訪れる人双方が「いい」と感じられるというのは、建物にとってとても幸せなことである。

江鶴亭を訪れる人は、当初は目的を

もった人が多かったが、最近は偶然通りかかって覗いてみる、という人も増えてきている。笹原さんとしても、気兼ねなく、気軽に入ってきてもらえるのが理想だ。鶴岡市や山王商店街のまちづくりに対して、江鶴亭としては、きていただいたお客さんを気持ちよく迎えるような取り組みでもって貢献していきたい、とおっしゃっていた。それはこの街を再び訪れたいという気持ちを生み出すことへとつながっていくだろう。

写真 10-22　笹原さんにお話をうかがう

積極的なまちづくりを進める山王商店街で、リノベーションのパイオニア的存在である江鶴亭。リノベーションは商店街全体に広がりつつある。商店街が元気になることで、江鶴亭も活気づく。江鶴亭の掲げるコンセプトである、「交流」は、鶴岡市と江戸川区の関係だけにとどまるものではない。鶴岡の人びと、山王商店街の人びと、外から訪れる人びと、様々な「交流」の形が考えられる。こうした「交流」が、商店街や鶴岡のまちづくりにどのような効果を生み出すのか、これからの「交流」の深まりに注目していきたい。

参考文献

・大瀬欽哉『鶴岡百年のあゆみ―続・城下町鶴岡―』鶴岡郷土史同好会、一九七三年。
・大瀬欽哉・斎藤正一・佐藤誠朗編『鶴岡市史 下巻』鶴岡市役所、一九七五年。
・「『山王町江鶴亭』二一日開設」『山形新聞』二〇一三年四月一九日付。
・「江鶴亭」鶴岡市山王町商店街ホームページ(http://www.sannou-st.com/cn1/koukakutei.html)(最終閲覧二〇一八年九月一八日)。

(二〇一七年調査)

第十一章　写真でとらえた鶴岡

―寛明堂―

一　商店街のランドマーク

鶴岡駅を出て、南に向かってしばらくまっすぐに歩いていくと、右手に神社が見えてくる。その神社の角を右に曲がると、ここから鶴岡山王商店街(以下山王商店街)が始まる。その入口に、ひときわ目を引く建物が建っている。茶色と白のコントラストが美しく、清潔感がありつつもどことなく懐かしさを感じる造りの建物だ。通りに面したショーウィンドウには、笑顔の子どもたちの写真が並び、優しい雰囲気を醸し出している。建物ともども、足を止めて見入ってしまう。

この山王商店街のランドマークのような存在の建物が、寛明堂である。寛明堂は、イベントやウェディング、成人式、七五三、お宮参り、家族写真、そして証明写真など、人びとの人生の大切な瞬間を写してきた、歴史ある写真館である。この趣のある建物をもつ写真館は、どのようなあゆみをたどってきたのだろうか。この場所で生まれ育ち、現在もカメラマンとして活躍されている、寛明堂専務の加藤典子さんにお話をうかがった。

二　庄内地方最古の写真館

寛明堂の始まりは廃藩置県のころ、一八七一(明治四)年までさかのぼる。戊辰戦争に敗れた庄内藩では、一八六八(明治元)年一〇月に藩主酒井忠篤《ただずみ》公が東京・芝の清光寺での謹慎を命じられた。このとき、庄内藩の下級武士であった加藤正寛さんも忠篤公に同行して東京に出た。その際に、横浜に写真術が入ってきたことを知り、絵心があった正寛さんは興味をもち、翌一八六九(明治二)年に写真術を学んだ。このときには時計の修理術も修得した。そして修得した写真の技術をもって、鶴岡に帰ってきた。

写真 11-1　加藤正寛さんの肖像写真
(48 歳のころ)

正寛さんは鶴岡に戻ってきてすぐに写真の商売を始めたわけではなく、当初は七日町にあった柳福寺(一八八八(明治二一)年に火災で焼失)で、のちの仕事につながる写真活動を行っていたようである。趣味のような形で写真を撮ってあげたところ、興味をもった人びとが集まるようになり、写真が商売になると思ったという。ここに庄内地方最初の写真館が誕生した。

そして鳥居町(旧町名は与力町)の長山小路にて、写真業を本格的に始めた。ここでの商売も上々だったのだが、水害にたびたび見舞われる場所だった

写真 11-2　長山小路時代に撮影された写真
水害によって庭園が水没している
寛明堂所蔵

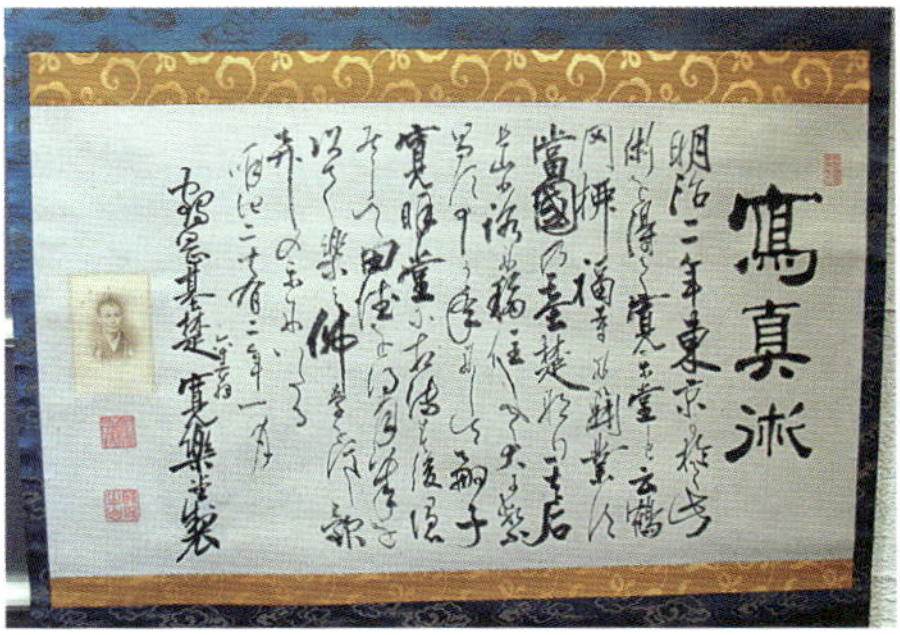

写真 11-3　加藤正寛さんの事績を記した掛け軸

こともあり、大正時代に山王町（旧町名は荒町）に場所を移し、現在まで写真館として営業を続けている。

正寛さんの事績は、寛明堂に伝わる掛け軸に記されている。次のような内容が書かれている。その生涯と功績を讃えるものだ。

写真術

明治二年東京ニ於て術を得て、寛楽堂と云、鶴岡柳福寺に開業す当国の基礎をなす。その後、長山小路に移住して大に繁栄す。十ヶ年にして嗣子寛明堂に相伝す。後隠居して田得を得、月華を以て楽ミ仏学を信じ、歓喜の楽にいたる。

明治二十有二年一月　六十二翁

鶴岡基楚　寛明堂製

正寛さんは、この掛け軸にもあるように寛楽堂という屋号を名乗った。二

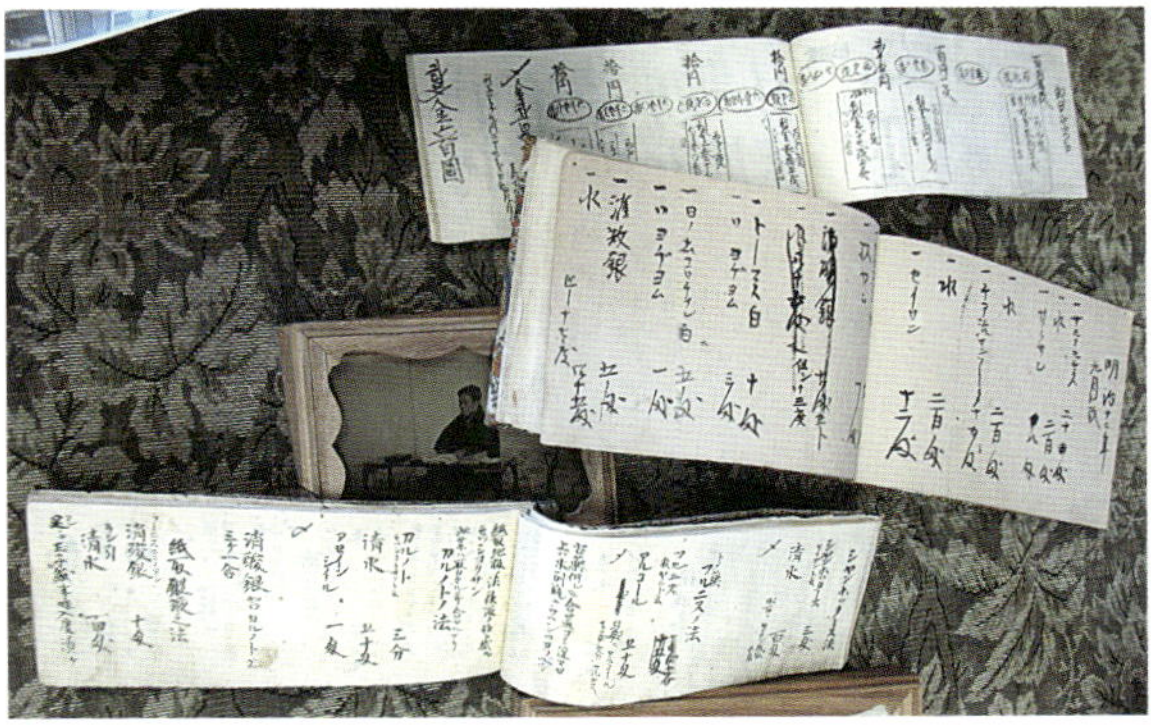

写真 11-4　薬品の調合法が書かれた帳面（中・下）と売掛帳（上）

写真 11-5　お店の前にある寛楽堂碑
1900（明治 33）年建立とある

代目は寛明堂を名乗り、三代目には寛園堂と名乗るように、と伝えた。しかし、その後代替わりするごとに屋号を変えるのを避け、寛明堂が現在にまで至るお店の名前となった。

正寛さんが当時使っていた帳面を見せていただいた。ここには写真の現像に必要な薬品や、その調合の仕方が書かれている。現像のためのレシピのようなものだろうか。かつての売掛帳も残されている。こちらには米や水などの物価と写真の値段が書かれている。当時の写真はかなり高価で、ぜいたくなものであったようだ。

写真 11-6　木造部分のみだった時代の寛明堂
大正～昭和初期の絵葉書

長山小路から荒町へと移ってきた当時、この界隈は商業の中心であり、市内でも最も栄えている通りであった。その通りに足を踏み入れるとまず最初に目に入り、しかも神社の真向かいという好立地に寛明堂を構えたのは、正寛さんの先見の明によるものだろう。

寛明堂の建物は、現在はひとつに見えるが、一九二〇（大正九）年に建てられた木造部分と、一九三四（昭和九）年に建て増しした鉄筋部分とが合体してできている。後者は荒武祐幸という、鶴岡工業学校（現在の鶴岡工業高等学校）の教員だった人物が設計した。ちなみに山王商店街の南の端にある洋品店のＧＩＮＹＯ ８２７（旧紅繁洋品店。第五章で紹介している）も同じ荒武の設計と伝わる。

昭和から平成へと時代が変わるころ、ときはバブル経済へと進む時期であり、古い建物を取り壊して新しいものを建てるというブームや風潮があった。この時期には寛明堂でも建物をどうするかという話が出たようだ。加藤さんのご両親は寛明堂を残したいと考えており、加藤さん自身も寛明堂の建物をゼロにはしたくないと思っていた。当時寛明堂のリフォームの相談をしていた設計士の方は、寛明堂の建物は残すべきだといった。そこで建物を残しながらリニューアルしよう、ということになり、一九八九（平成元）年に大規模な改装を行い、現在の形になった。もしこのときの決断が違ったものになっていたら、この界隈の風景は今とは大きく違ったものになっていただろう。

三　写真家としてのあゆみ

写真館に生まれた加藤さんは、幼いころからご両親の写真の仕事の手伝いをするなど、写真と日常的に関わってきた。そのころから写真を現像する際の暗室作業はとても面白いと思っていたそうだ。高校までは鶴岡で過ごし、卒業後は東京に進学、卒業後も東京で写真館に勤め、その後鶴岡に戻ってきた。かつては写真館の後継ぎとして期待されること、進路の選択肢がないことを重く感じることもあった。鶴岡を出て東京に行くにあたっては、写真の学校に進学することになった。もっとも写真の学校に行くことは嫌ではなかった。当時の加藤さんは、写真を撮ることそのものは楽しいと思っていたが、営業写真には魅力を感じていなかった。ただそのまま鶴岡には帰るのではなく色々なことを経験したいという思いがあり、卒業後は東京の写真館に就職した。

その写真館の先生は営業写真業界の発展にも尽力した、とても尊敬できる方だった。先生には東京の銀座で大きな店を構えている娘さんがおり、自分の娘と同じ一人娘の加藤さんを雇ってくれたそうだ。その先生のもとには当時三〇人近いお弟子さんがいて、その多くは実家が写真館を営んでいる人たちで、何年間か修業をしてから実家に戻り、家業を継ぐことを目標にして働いていた。加藤さんもそこで修業をし、写真館とはどういうものなのか、という本質を学び、二三歳のときに鶴岡に戻ってきた。その後ご主人の賢さん(寛明堂の六代目の代表)と結婚し、二人の娘さんが生まれた。下の娘さんは結婚して、加藤さんご夫妻と一緒にご夫婦で寛明堂でお仕事をしている。

四　地域の人びとと結びついた写真館

寛明堂の歴史は、地域の人びととのつながりなしには語ることができないものである。長い間、鶴岡で写真を撮り続けていると、小さな歴史を感じることがある。何代にもわたって寛明堂で写真を撮るような、長い付き合いのお客さんもいる。ある女性の結婚写真を撮った後、その娘さんの写真を撮り、さらにはお孫さんの成人の記念写真を撮るといったことも少なくない。加藤さんは、こういった人生の節目の出来事に写真を通して立ち会えることが、とてもありがたく嬉しいことだという。なかには子どものころからその成長を見守っているような方もいる。長くこの場所で写真館を営み、地域の人びとから愛され利用されるからこそこうしたエピソードが生まれる。

写真館で写真を撮ってもらうのは、日常的なことではない。お祝いのときや記念のとき、人生のなかの幸せのときに写真館を訪れる。赤ちゃんが生まれたり、結婚したり、成人したり、家族の記念写真だったり、写真館は特別なときに訪れる場所である。そうした瞬間の共有を、加藤さんはとても大切にしている。

真向かいに神社があるからこそ生ま

写真 11-7　山王日枝神社

写真 11-8　七五三の時期にはショーウィンドウにかわいらしい写真が並ぶ
2015（平成 27）年 10 月撮影

れるつながりもある。山王日枝神社は昔から氏子の方がたくさんいて、地域の人びとに「お山王はん」と呼ばれ、親しまれてきた。そんなこともあり、昔から七五三のお参りをするメッカでもあった。加藤さんが子どものころは、一一月一五日の七五三の日は、一日中お参りをする人びとが途切れることはなかった。

　近年になり、七五三の様子も少しずつ変わってきた。お子さんは普段着で写真館に来館し、お化粧をし、着物を着て写真撮影をし、そして神社でご祈祷をしてもらう。一日の流れですべてができるという形が主流となった。そうしたなかで、寛明堂は「お山王はん」の前の地の利を活かし、利用するお客さんにも大変喜ばれる存在となった。神社の真正面に店舗を構えるということは、先人が考えたことであり、それが今になって恩恵となっている。それゆえにご先祖に感謝しているとのことだ。

　加藤さんご自身にとっても、山王日枝神社は思い出深い場所である。昔は神社の境内に何十人もの子どもが集まり、遊んでいた。夕方になってもあたりが真っ暗になるほど遅くまで遊んでいたという。神社は、子どもたちだけではなく、地域の人びとのいこいの場所であった。お祭りのときなどは、神社の境内はもちろん、道路にまで店が出て、街全体が大にぎわいだったそうだ。

五　建物を維持し、活かす

　山王商店街のなかでも欠くことのできない存在といって過言ではない寛明堂ではあるが、長くお仕事を続けてきたなかで向き合わなければならないことも出てきている。

　まずは建物の維持である。私たちがうかがったときにも、建物の修繕が行

写真 11-9　鉄筋部分２階の天井　シンプルながらもモダンなデザイン

写真 11-10　鉄筋部分２階にある暖炉

写真 11-11　寛明堂で撮影された写真
右の写真には暖炉が写っている

われていた。歴史ある建物だけに、たえず少しずつ手を加えていかなければならない。二度の大きな地震の後に加えて、最近も外壁の塗装を行ったり、継続的にメンテナンスがなされているが、今後いつまで維持できるかは大きな課題である。

スペースの問題もある。寛明堂は人気のある写真館だけに、お仕事もスタッフも増えているそうで、段々とスペースが狭くなっているそうだ。お店を拡張しようとすれば、背後にある住居部分を削らなければならず、生活が不便になってしまう。一九八九（平成元）年のリニューアルの際、和室になっていた部屋を現代的な明るい雰囲気の部屋に改装し、広いスタジオやコマーシャルスペースを設け、駐車場も確保した。車社会である現代は、利用者の便を考えて駐車場を用意する必要があるが、スペースに制約のある中心市街地ではなかなか難しい問題である。

時代の変化に合わせて、もとの建物を壊して新しく建て直すというお店は多い。しかし加藤さんはそうした選択をしなかった。したがって、ゼロから

写真 11-12　昔の写真機の使い方を教えていただく

写真 11-13　建物の個性を際立たせている八角形の窓
格子の装飾もおしゃれである

もう一度造り直すという手段を取ることはできない。寛明堂では現存している建物に手を加え続けながら維持していかなくてはならないという課題がある。私たちが目にする素敵な建物は、維持するための努力の積み重ねがあってのものなのだ。

一九八九（平成元）年のリニューアルは、建物をただかつての姿に復元するというものではなかった。今では信じられないが、以前は街のなかで寛明堂が目立っておらず、お店がどこにあるか知らないという人もいたそうだ。これではいけないと思ったことも、リニューアルを決心した理由のひとつだそうである。そこで昔のよさを残しつつも現代的なデザインも取り入れた現在の姿になっている。そこには「ただ古いだけではだめで、今に合うような少し新しい形を目指さなければならない」という加藤さんの考えが反映されている。

そうした考え方は、寛明堂のお店にも表れているようだ。老舗の写真館というと、何となく堅苦しく、どこか暗いイメージがある。ところが店内に入ると、明るく、とてもおしゃれである。レトロな外観とのギャップも面白く感じられる。

それでいて、昔からあるもののよさはしっかりと大切にされている。それがよく表れているのは、大正時代に建設された木造部分の二階にあるスタジ

写真 11-14　木造部分２階のスタジオの大きく立派な梁
地震があってもびくともしない

オである。天井を見上げると、ひときわ存在感のある立派な梁があった。この梁は改修工事を行った際にも手を加えられることなく、今日までずっと天井を支えている。このような立派な梁となる木材を探すのは、今日ではなかなか難しいだろう。

　新しくするところは新しく変え、古きよきものはあえて残す、というところに、建物を維持し、活かすための創意工夫を感じることができる。今では古いものを残すという考えは、自然なことのように思われるが、リニューアルを考えた当時は、まだ新しいものがよい、という考えが強かった。それでも加藤さんには、古くはなっていたものの、建物への強い愛着があったので、取り壊し、ゼロにするということは考えられなかったそうだ。リニューアル工事の際は、ご先祖の思いや、建築の方法など、新しい発見もあった。そして改めてその思いを継ぐという意識が強くなり、より建物を大切にしたいと考えるようになった。いろいろな意味で、この工事はよい機会となった。

写真 11-15　きれいでおしゃれな１階店内

　これからの世代が寛明堂を受け継いでいくうえで必要なこととして、加藤さんは建物について相談できる人の存在を挙げられた。かつての古きよき時代を知っている加藤さんが、自分の次の世代に寛明堂の話を伝えることはできる。しかしこれから何代にもわたって建物が受け継がれるなかで、建物のことが分からなくなってしまうのではないか。だからこそ、これからの世代が建物について知り、相談できる人がほしいとおっしゃっていた。それは寛明堂に限らず、これまで大切にされてきた建物を守り、受け継いでいくために必要なことだろう。

六　写真家の眼で見た鶴岡

鶴岡で生まれ育った加藤さんは、好きな建物として、鶴岡ホテル（『人と建物がつむぐ街の記憶―山形県鶴岡市を訪ねて（1）―』で紹介している）や旧風間家住宅丙申堂の名を挙げられた。写真家である加藤さんの視点からのフォトジェニックな建物についてうかがうと、ご自身が撮影されたときの印象も交えてお話しくださった。なかでも旧武家屋敷菅家庭園（『人と建物がつむぐ街の記憶―山形県鶴岡市を訪ねて（1）―』で紹介している）で撮影した成人式の写真や、丙申堂の縁側を撮影した写真などは印象に残っているそうだ。菅家で撮影するときは、同じ敷地のなかであっても、お庭で撮影するときと床の間の前で撮影するときでは、空気感が違うとのことだ。長きにわたって親しんできた山王日枝神社も、写真を撮るにはよい場所である。

自然の写真を撮る機会も多いが、鶴岡では街のなかにいても自然が身近であり、素敵な建物もたくさんあるので、どの空間を切り取っても絵になる。鶴岡にはいいロケーションの場所がたくさんある。街を歩く人にとっては、寛明堂もそのひとつである。一九九一（平成三）年には、鶴岡市の都市景観賞を受賞した。これがきっかけとなって、建物を見にきたり、通り越しにカメラを向けて撮影したりする人も増えた。そうした人びとの姿を見て、加藤さんも建物をもっと大切にしなければいけないという気持ちになったそうだ。

加藤さんの寛明堂への愛着は昔からのものだが、建物や歴史の価値に胸を張れるようになったのは比較的最近のことであるという。近年、鶴岡市の建物に興味をもって見学に訪れる人が増え、関心をもってくれる人たちがいることも、今まで以上に愛着をもち、自慢できるようになった理由のひとつである。

生まれてからずっと内側から鶴岡の街や寛明堂、そして他の建物や風景を見つめてきた加藤さん。そんな加藤さんにとっては、外からきて、鶴岡の街や寛明堂の魅力を、外からの目線で発見してくれる人びとの存在は大きかった。

七　次の世代につなぐ歴史

たくさんの人の思いが詰まった鶴岡

写真 11-16　山王日枝神社の鳥居越しに見た寛明堂

の街をこよなく愛している加藤さんは、次の世代に残したいものについて次のように話してくださった。

やっぱり鶴岡は「文化」。人の心と自然、食と、日々の暮らしのなかの「あたりまえ」のことが、「文化」だと最近いわれるようになっている。鶴岡の人にとってはすべてが「あたりまえ」だったことなのですけどね。鶴岡には、歴史的な建物だけではなくて、何気ない町角だったり、郊外にある田んぼのところとか、一見なんでもないところが実はいいところ、というのがいっぱいある。だから何を残すかといわれると困ります。鶴岡のそのままを残すとしかいえないのではないですかね。

街のいいところを考えるとき、普通はその土地の名所を挙げたくなるものである。しかし加藤さんは鶴岡にあるいいところは、「なんでもないところ」だとおっしゃっていた。加藤さんのお知り合いに、東京から鶴岡に引っ越してきた人がおり、その方は何年か住んでみて鶴岡が大好きになったという。絵を描く方で、様々なところに出向いて絵を描く。そんなときは名所といわれる場所ではなく、田んぼの隅だったり、「里山のあぜ道」などに出向くという。話をしているうちに、そうした「なんでもないところ」がいいんだよね、となったそうだ。そうした「なんでもないところ」に行くと、借景が月山だったり、海だったりする。それがまたいいですね、とのことだ。だから何を次世代に残すかを考えたとき、それは特定の場所やモノを指せるわけではないという。

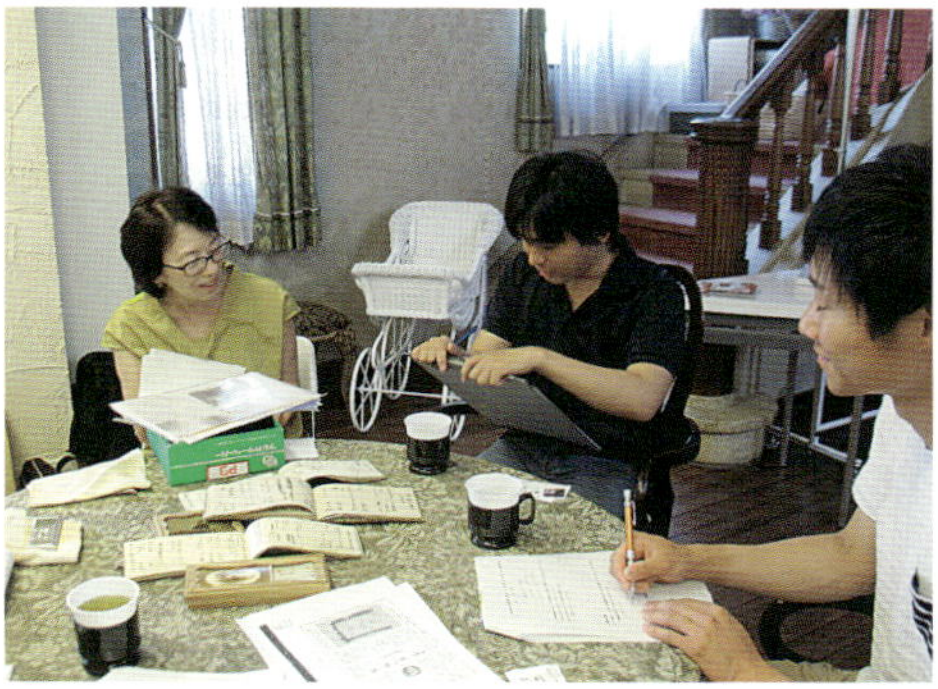

写真 11-17　加藤さんにお話をうかがう

地元を心から愛し、そして写真を通してこの街の様々な姿を写してきたからこそ、鶴岡の何気ない、「なんでもないところ」ところに魅力を見い出せるのではないだろうか。

鶴岡では新しく作られたものがあまり長続きしない傾向にあるという。その理由を考えたとき、鶴岡の人びとが地域の歴史を愛しているからこそかえってそうなるのではないかと考えた。歴史とともに歩んできた地域だからこそ、これからも歴史とともに進んでいくという意識が強いのではないだろうか。

お話をうかがうなかで、加藤さんが寛明堂はもちろんのこと、いろいろな鶴岡の街にまつわるエピソードを紹介してくださったことがとても印象に残った。それは加藤さんをはじめ、私たちが調査を通して出会った方々に共通していることだった。それだけ鶴岡の人は自分の地域の歴史をしっかりと勉強していて、自然に歴史について語れるということだ。そして、歴史の話は自然に将来の街の姿やビジョンへとつながっていく。こうしたことからも、鶴岡の未来は鶴岡の歴史とともに進んでいくのだろう。寛明堂にも、そうした街の姿が表れている。

寛明堂はこれから先もずっと鶴岡の人びとと街を写していく。そして寛明堂が撮影した瞬間を糧にして、鶴岡の人と街はさらなる歴史を紡いでいくことだろう。

参考文献

・大瀬欽哉『鶴岡百年のあゆみ―続・城下町鶴岡―』鶴岡郷土史同好会、一九七三年。
・東京都歴史文化財団東京都写真美術館　三井圭司編『夜明けまえ　知られざる日本写真開拓史　北海道・東北編　研究報告書』東京都写真美術館、二〇一三年。
・山形県教育委員会編『山形県の近代化遺産―山形県近代化遺産総合調査報告書―』山形県教育委員会、二〇〇一年。
・山口泰史「歴史を語る建物たち　有限会社寛明堂」『Future SIGHT』spring 2015 no.68、フィデア総合研究所、二〇一五年(http://www.f-ric.co.jp/fs/201504/12-13.pdf)(最終閲覧二〇一八年九月一八日)。
・寛明堂ホームページ(http://kanmeido.com/)(最終閲覧二〇一八年九月一八日)。
・「鶴岡市指定文化財一覧」(鶴岡市ホームページ)(http://www.city.tsuruoka.lg.jp/bunka/rekishi/shitei-bunka-ichiran.html)(最終閲覧二〇一八年九月一八日)。

(二〇一七年調査)

第十二章　庄内藩士の開拓精神と絹文化を今に伝える

―松ヶ岡開墾場―

一　明治維新によって生まれた開墾地

　幕末から明治へ。日本全土が大きく揺れた激動の時代。明治という新たな時代の幕開けとともに松ヶ岡開墾場の歴史も始まる。杉や松の巨木が鬱蒼と生い茂る原生林は、三、〇〇〇人の庄内藩士によって昼夜を問わずに切り拓かれ、僅か五八日間という短期間で竣工し、三〇区画の広大な開墾地が完成した。それからおよそ一五〇年が経った今も、松ヶ岡開墾場には多くの開墾士の子孫たちが、先祖から受け継いだ独自の文化を大切に守りながら暮らしている。私たちは、この土地に生まれ、そして現在も生活している山田陽介さんと清野忠さんのお二人に、松ヶ岡本陣と蚕室群からなる松ヶ岡開墾場にまつわるお話をうかがった。

　山田さんは、現在松ヶ岡開墾場の理事を務めている。もともと松ヶ岡で生まれ育ったが、以前は学校の先生をされていて、職業柄転勤で県内を移動することも多く、また東京でお勤めだった時期もあり、松ヶ岡を離れていた時期もあった。松ヶ岡産業株式会社企画部長の清野さんは、山田さんの松ヶ岡の一〇歳後輩で、現在は松ヶ岡開墾場の理事でもある。

　松ヶ岡開墾場とは、地縁団体、町内会のような組織である。一方、松ヶ岡産業株式会社は、もともとは庄内町の山林を管理する会社だったが、二〇一二（平成二四）年に定款を変え、まちづくり・まちおこしの会社として運営されている。現在その事業の中心は蚕であり、鶴岡市で進めている「シルクタウン・プロジェクト」にも、養蚕という形で協力している。

二　松ヶ岡開墾に至る歴史

　戊辰戦争時、徳川四天王の後裔であった庄内酒井家は幕府方につき、心ならずも庄内藩は朝敵と見なされ、追討令が出された。戦闘が激化し、会津藩が降伏するなかで、残った庄内藩は一八六八（明治元）年に降伏する。一八六七（慶応三）年に幕府の命により庄内藩が行った薩摩屋敷焼き討ちに始まり、東北のなかで最後まで抵抗した庄内藩だったが、その処分は比較的軽いもので済んだ。一八六九（明治二）年に庄内藩中老・菅実秀《すげさねひで》が東京で新政府軍の指揮官だった黒田清隆と面会し、降伏の処分が寛大であったことに感謝した。その際、それが新政府軍の総大将であった西郷隆盛の指示であると聞き、以降、菅実秀は西郷隆盛に信頼を寄せることとなった。

　一八六八（明治元）年一二月、庄内藩主酒井家は家名を立てられ、一一代藩主忠篤《ただずみ》公の弟、忠宝《ただみち》公に一二万石が与えられることになり、若松、次に平へと転封を受けたが、一八六九（明治二）年七月、庄内への復帰が許され、その年の九月に大泉藩と藩名を改めた。大泉藩は表向きは禄高一二万石であるが、実際には五万石あまりであり、常備兵も三五〇人ほどであった。そして一八七一（明治四）年の廃藩置県の際に、その常備兵も解体された。旧藩士は明治維新とともに禄が三分の一程度にまで減り、生活は苦しくなっていた。そこに常備兵が解体され、奉公のあてを失うと同時に収入も失い、多くの旧藩士とその家族の失望は大きくなっていった。

　この事実を見つめ、当時県の権参事の職についていた菅実秀は、将来のことを大いに心配した。そこで親交を深めていた西郷隆盛に相談した結果、荒れ地を開墾し、そこで養蚕をし、生糸を作ることを計画した。西郷は、松ヶ岡の開墾士たちに激励のことばを送っている（このエピソードは二〇一八（平成三〇）年放送の大河ドラマ『西郷《せご》どん』の「西郷どん紀行」でも紹介された）。外国に負けない近代国家の樹立を目指していた当時の日本で、高く売れる輸出品は生糸とお茶であり、菅実秀は養蚕業を庄内に起こし、資金を稼ぎ、国と地域の近代化に貢献しようとした。

　一八七二（明治五）年の赤川河川敷での試験開墾を経て、松ヶ岡開墾事業に本格的に着手した。開墾されることになった後田山《うしろだやま》の原生林は、鶴岡の東南方約八キロメートルの所で、月山の麓に連なる松・柏の繁茂する、地元の農民も手をつけないほどの荒れ地であった。

　開墾に従事したのは三、〇〇〇人あまりの人数で、これまで手にしていた刀を鍬に替え、五八日間で一〇六町歩（約一〇六ヘクタール）の土地を開墾した。翌年には二〇五町歩（約二〇五ヘクタール）あまりの開墾を行っている。この時代、全国各地で開墾が進められ、そのほとんどは士族を救うための「士族授産」事業として行われたのだが、松ヶ岡の場合、開墾士たちに一〇年間給料が与えられなかったことからもわかるように、単なる「士族授産」ではなかったといわれる。国のため、そして戊辰戦争の際に受けた郷土の汚名をそそごうという信念が開墾士たちの心を支え、重労働に励み続けたことがうかがえる。

写真 12-1　開墾作業の様子
（松ヶ岡開墾記念館ホームページ）

写真 12-2 「松ヶ岡」と記した板

この場所を松ヶ岡と呼ぶのは、開墾作業の様子を見にきた旧藩主の酒井忠発《ただあき》公が経塚山に登り、開墾の成功を称え、小さな板に「松ヶ岡」の三字を書き、丘の上に建てさせたことに由来する。以後この地は松ヶ岡と呼ばれるようになった。

三　松ヶ岡本陣

お話をうかがった松ヶ岡本陣の建物は、もともとは庄内藩初代藩主の酒井忠勝公の庄内入部に際して、鶴ヶ岡城の

写真 12-4 松ヶ岡本陣の表札（左）
裏面には揮毫された酒井忠久さんの
お名前がある（右）

写真 12-3 松ヶ岡本陣に残るかたばみ紋

拡張工事が完成するまでの間の仮の御殿として一六二二（元和八）年に建てられた高畠（畑）御殿だった。その後、一六八六（貞享三）年に一部の建物を藤島村に移築し、参勤交代の休息所（藤島本陣）として利用された。そして松ヶ岡の開墾が開始されるにあたり、一八七二（明治五）年に経塚山の麓に休息所を移し、事務所兼集会所とした。ただし、現在残っている松ヶ岡本陣の建物は高畠御殿の全部というわけではなく、一棟だけをこの場所にもってきている。清野さんがあるとき本陣の当番をした際、入口の上の部分に「かたばみ紋」（藩主酒井家の家紋）があるのをふと見つけた。五〇年暮らして初めて見つけた「かたばみ紋」に、ここが高畠御殿だったのだと改めて実感した。

入口に取り付けられている「松ヶ岡本陣」の看板（表札）は、住民の皆さんの念願がかなって現在のお殿

様（松ヶ岡開墾場第四代総長）である酒井家第一八代当主の酒井忠久さんに書いていただいたものである。松ヶ岡開墾場には、総長という総括責任者の役職があり、初代は旧庄内藩家老の松平親懐《ちかひろ》が務めた。第二代総長には、旧藩主酒井忠篤の三男、酒井忠孝《ただもと》が就任。以後第三代総長からは、酒井家の当主が務めている。

現在、本陣は松ヶ岡の人びとのいこいの場として、公民館的に利用され、あるときはちょっとしたもてなしの場としても利用されている。以前山田さんがこの本陣で、知り合いの先生方と一緒にお酒を飲んだ際には、訪れたみんなが建物の雰囲気やここからの眺めを喜んでくれた。確かに本陣から本陣堤を眺めると、松ヶ岡本陣の建物は単独で存在しているというよりも全体の景観のなかにある、という山田さんのことばに納得させられる。

一方、建物を利用するうえでは、建物の冬囲いを解かなければならないことが少々不便に感じられる。冬囲いをする際には「総出」と称して、松ヶ岡の一軒一軒各戸から一人ずつ参加して行っているが、清野さんによればこれがなかなかの重労働とのことだ。

本陣の屋根の茅は、四面になっている屋根のうち、一年一区画ずつのペースで取り替えている。葺き替えは葺き師さんにお願いするが、茅刈りは村を三班に分け、そのうちの二つの班が一一月の中旬に「茅刈り総出」と称して、松ヶ岡本陣から一キロメートルほど離れた場所で住民たちが自ら行っている。

一九九九（平成一一）年から二〇〇一（平成一三）年にかけて、本陣は調査を兼ねた半解体・修復工事を行った。このとき、長年使用されるなかでの改修によって失われていた湯殿と雪隠が復元された。お殿様も利用していた建物だけあって、用いられている木材も相当上等なものであった。一般的な釘とは異なる掛け釘を用いて建てられており、半解体の大改修の際に見てみると、木材が組んである部分は荒縄で縛ってあった。壁は土壁で、修復の際も難儀した部分だった。基本的に部材は再利用したが、垂木の部分には新たな木材が入っている。

松ヶ岡本陣は、一九八九（平成元）年に国の史跡の指定を受けているため（本陣と蚕室を含む国指定史跡（歴史的建造物群））、改築等建物の造りを変えることはできないが、それ以前は時代に合わせてその時々に使いやすいよう、増改築・改修を行っていた。基本となる本陣建物のベースの部分は変えてはいないが、かつては管理者である松ヶ岡農業協同組合が使いやすいように、脇に事務所や台所などをもつ建物を増築していた。和室があり、二階も付属する建物だったが、こちらは老朽化にともない撤去するなどして、外観

写真 12-5　1965（昭和 40）年の松ヶ岡本陣
★

写真 12-6　松ヶ岡本陣の内部
★

写真 12-7　池越しに眺めた松ヶ岡本陣
★

的にもオリジナルに近い形に変えた。

　史跡の指定を受けたことで、暖房に利用できる石油の量も制限されるようになり、室内がなかなか暖まらないといったように、かえって不便になった点もある。山田さんは、「自由にできるということになれば、どんな風にこれが姿を変えてしまうのか。残らないわけですからね。そういう意味では史跡指定にしていただいてよかったなというのもあります」とおっしゃっていた。

　松ヶ岡本陣のなかには、松ヶ岡の歴史を説明したパネルが飾られている。展示パネル自体は文化庁の補助を受け、四年前から徐々に作り始めた。二〇〇一（平成一三）年に半解体工事が完了し、松ヶ岡の老人クラブの

写真 12-8　パネルを使って松ヶ岡の歴史を説明していただく

人たちが中心となって、建物の公開を行った。だがそのときは上手くいかずに数か月で終わってしまった。しかし二〇一五（平成二七）年四月から、ボランティアの手を借りながら、一四年ぶりに建物の公開を始めた。以前とは違い、展示パネルを作ったことで、ひとつひとつ話をしなくても、まずパネルを見てもらってから松ヶ岡の説明ができるようになった。

以前は土日のみの公開で、訪れる人も少なかった。現在は子ども連れの若いご夫婦から学生さん、さらには八〇代くらいの方と、老若男女様々な人びとが松ヶ岡を訪れる。歴史に興味があったり、かつて何らかの形で松ヶ岡と関わりがあったりした人がよく訪れている。

展示が行われていない期間も本陣の建物は閉めきったままではなく、毎月一日と一五日には朝六時から掃除を行っているとのことである。

四　松ヶ岡での生活

現在、松ヶ岡には五四世帯が暮らしている（二〇一五年調査の時点）。明治期に定住が始まったときは三〇世帯で、そこから一時は六三世帯まで増加した。松ヶ岡での定住が始まる前から開墾場としては一つのまとまりをなしていたが、行政区画では松ヶ岡の部分と馬渡山の部分とが区切られ、しばらくは両方にまたがっていた開墾場も経済的な負担など様々な不都合が生じ、馬渡の方と分かれたことで戸数はぐんと減った。それでも最盛期には六三戸、現在でも五四戸が定着していることを考えると、一般の農村と比べて減少率は低いといえるだろう。

松ヶ岡に暮らしているのはもとからゆかりがある人ばかりというイメージがあるが、現在は松ヶ岡の土地を気に入った人、新たに就農するために移り住んでくる人もおり、そうしたかつては縁がなかった世帯も二軒ほどある。

松ヶ岡では基本的に屋号はない。ただかって蚕室に居住していた戸もあり、その名残から一番、二番、三番、四番、五番という形で蚕室の番号で呼んだ家もあった。

五　松ヶ岡の史跡群と歴史的環境の保存

松ヶ岡開墾場のなかには、松ヶ岡本陣の他にも多くの貴重な建物が残されている。松ヶ岡開墾場が国指定史跡に指定されたのは、一九八九（平成元）年のことである。もっとも建物のすべてが開墾当時からの建物というわけではなく、史跡指定されたエリアのなかには、昭和に入って建てられたものもある。蚕が育てられていた、旧おカイコ様の蔵は一九四一（昭和一六）年の建物で、エリアのなかでは新しい直売所ひょうたんは昭和四〇年代の建物で

写真 12-9　旧おカイコ様の蔵（2016（平成 28）年解体）

写真 12-10　おカイコ様の蔵で飼われている蚕

写真 12-11　松ヶ岡開墾記念館の看板

写真 12-12　1983（昭和 58）年松ヶ岡開墾記念館開館時のテープカット
★

ある。五番蚕室と三番蚕室の間にある冷蔵庫も同年代のものである。

　鶴岡市内では、羽二重という幅広の反物を地場色機械織にして輸出用にしていたので、今日では機を織るなどの手仕事はほとんど残っていない。松ヶ岡開墾記念館（旧一番蚕室）には、その当時の養蚕に使われた道具類が展示されている。陳列されている糸取り機は、酒田市の松岡株式会社では、同じものが今でも現役で動いている。

　松ヶ岡開墾場では、一八七五年（明治八）年に群馬県島村の蚕室を参考に、桁間二一間、梁間五間、高さ五間四尺の三階（越屋根部分を含む）造りの蚕室が四棟建てられ、翌年にもさらに四棟が建てられた。大工棟梁を務めたのは、最初の四棟が、のちに旧鶴岡警察署庁舎、旧西田川郡役所、山居倉庫など、鶴岡市をはじめとした庄内地方の数々の洋風建築を手がけた名匠、高橋兼吉である。あとの四棟が、これも著名な棟梁の相馬富吉である。

一八七七（明治一〇）年に鶴岡市内の馬場町にあった旧お厩舎の古材を用いて二棟が建てられ、ここに大蚕室一〇棟が完成した。蚕室の瓦は開墾に従事した旧藩士たちが旧鶴ヶ岡城の屋根瓦を背負い運んだものだった。その名残として、瓦の先端には酒井家のかたばみ紋が残っている。

もともとこのエリアには八棟が建っており、少し離れた場所に二棟があったが、このうち平屋の二棟は暴風で吹き飛ばされてしまった。残る八棟のうち、学校が焼けた際に木材を寄付したり、生糸を作る工場を建てる際に解体して運び出されたりといった具合に数が減っていった。蚕室の建物が活用された事例のひとつが、一九三五（昭和一〇）年に鶴岡市内新斎部、万年橋のたもとに創立された松岡機業場である。こちらには六番蚕室が移築され、工場として利用された。

残された五棟は、一九六四（昭和三九）年の新潟地震や二〇一一（平成二三）年の東日本大震災の際にも大きな被害を受けることはなかった。当初の計画では、全部で二六棟を建てる計画だったそうで、もしも実現していたら、今ごろは富岡製糸場などと並ぶ世界産業遺産になっていたかもしれない。湿気、寒さ、暑さに弱い蚕の生態に合うように蚕室の内部は二階を全て障子戸にし、三階には通気口を設け、通気性を良くしている。また蚕の成長を促進するため、一階と二階の床下には特殊な炉（埋薪《まいしん》）が作られており、様々な工夫が凝らされている。

本陣は公民館的な使い方をされていたが、蚕室はお二人が子どものころから誰

写真 12-13　完成間もないころの蚕室全景
（松ヶ岡開墾記念館ホームページ）

写真 12-14　7棟時代の蚕室全景
★

写真 12-15　開墾士たちが運び込んだ瓦

写真 12-16　2階の障子戸

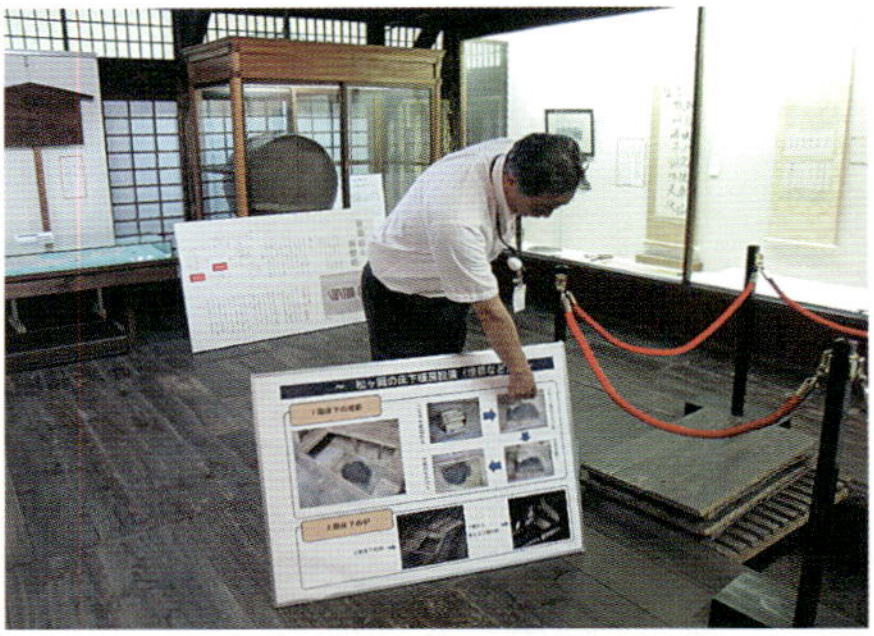

写真 12-17　床下暖房装置の埋薪（まいしん）

写真 12-18　蚕室での作業の様子
★

でも自由に出入りできる場所ではなかったため、管理の状況はそれほど変わらない。しかし、いざきちんと管理するとなると、大きな建物であることもあり、多額の費用がかかる。修理をするにしても簡単ではないが、それでも五棟が現存しているのはやはり史跡指定されていることが大きい。

最初に蚕室を使っての展示を始めたのは先代の総長、酒井忠明さんである。一九八三（昭和五八）年に一番蚕室を利用して、松ヶ岡や酒井家の歴史を見てもらうことを目的として、松ヶ岡開墾記念館が開館した。それまでは観光客の来訪を想定するような場所ではなかったため、トイレもなかった。そこで向かいにある二番蚕室を使い、休憩所を作った。それからは酒井家が主体となって展示を行ってきた。

一八七〇（明治三）年、庄内藩は鶴岡、大宝寺と道形の間の地に屋敷を建て、新徴組とその家族の住居とした。新徴

写真 12-20　旧二番蚕室

写真 12-19　松ヶ岡開墾記念館（旧一番蚕室）の内部

写真 12-22　庄内農具館（旧四番蚕室）

写真 12-21　旧三番蚕室
左手の建物は 2016（平成 28）年解体

写真 12-24　庄内映画村資料館（旧五番蚕室）

写真 12-23　くらふと松ヶ岡　こぅでらいね
（旧酒井家蚕室）

写真 12-25　新徴屋敷

写真 12-26　新徴屋敷の門

組とは、庄内藩が江戸取締の任にあったとき、その配下にあった浪士組のことで、現在松ヶ岡開墾場内にある新徴屋敷は、その庄内移住の際に建てられた、現代の公営住宅のような役割の住宅である。屋敷は一三六棟が建設されたが、やがて元新徴組の組員数が減り、空き家が増えたことから一八七五（明治八）年に解体し、約三〇棟が松ヶ岡に移築され、開墾士たちの住宅となった。その新徴屋敷の最後の一棟が、移築復元されて残っている。現在では映画の撮影にも使われており、二〇一六（平成二八）年公開の『殿、利息でござる！』のワンシーンもここで撮影された。新徴組の隊士のなかにはその後も関東に戻らず、鶴岡に残った人もおり、松ヶ岡には三軒が残った。新徴屋敷の屋根は杉の皮を敷いてそれが飛ばないように石を置いている。この杉皮葺き石置屋根は二〇年に一回のペースで改修を行わなければならない。

写真 12-27　松ヶ岡開墾記念館前のダリア園

ソメイヨシノの桜並木は、蚕室が建てられたころにはなかったもので、開墾五〇周年を記念して植樹された。すでに樹齢九〇年を超える。桜の季節になると、歴史ある蚕室と美しい桜の花との景色を求めて、多くの人が訪れる。

かつての一番蚕室であった松ヶ岡開墾記念館の前にはダリア園があり、時期がくると鮮やかなダリアの大輪が愛好者たちの手によって咲き誇る。その奥には、一四〇年ぶりに復活したお茶の栽培が行われている。このお茶にも歴史的な由来がある。

　一八七五（明治八）年四月、北海道開拓使長官・黒田清隆は、菅実秀、松平親懐の両氏に書簡を送った。黒田清隆は、旧薩摩藩士で、戊辰戦争の際には庄内進攻軍の最高指揮官として謝罪降伏を受け入れた。以後菅実秀と親交を結び、庄内のよき理解者であった。その黒田が、札幌と函館に桑園を造成したいので、熟練者二〇〇名を派遣してほしい、と求めてきたのだった。このとき派遣されたのが、都築十蔵、本多源三郎、林源太兵衛、白井為右衛門、榊原十兵衛、水野郷右衛門の六人の組頭（彼らは一八七二（明治五）七月に編成された開墾士族団体のうち、藩士家中の青壮年をもって編成された六小隊の組頭だった）に率いられた開墾士たちであった。

写真 12-28　松ヶ岡お茶園

　そしてこの組頭たちの名前にちなんで、松ヶ岡のお茶は、都山《つやま》、敦本《あつもと》、林月《りんげつ》、白露《はくろ》、原泉《げんせん》、水蓮《すいれん》と名付けられた。これらの銘柄の命名者は西郷隆盛である。かつては西郷にも松ヶ岡からお茶を献上していたのである。

　もっとも、冬の気候の厳しい当地では、お茶の栽培は難しかった。一八七九（明治一二）年一一月、松ヶ岡開墾場を訪れた松方正義は、このような寒冷で痩せた地では、茶と桑をそれぞれ専用畑にすること（当時茶は桑の間作として栽培されていた）、もっと肥料を施すことなどをアドバイスしたが、やはり経営上不可能で、翌一八八〇（明治一三）年に断念し廃止された。

　それでもかつてのご先祖たちの夢を実現したいという思いから、清野さんが中心となり、関東のお茶（狭山茶）の産地として有名な入間市博物館の全面的な支援を受け、栽培を再開した。一四〇年前と同様に、冬場に大量に降る雪には苦心している。雪囲いをするなどの対策を施しながら、復活させたお茶にもう一度いただいた名をつけようと日々努力を重ねている。

六　松ヶ岡独自の文化

松ヶ岡には開墾当時を偲ぶ行事が四

つほどある。まず、四月七日の開墾記念日がある。開墾に入ったのは、八月一七日であったといわれているが、年度当初で一七日の七を取って、四月七日に行われるようになった。朝五時に松ヶ岡本陣に集まり、その向かいにある山を掃除したり、冬囲いを外す。この日は先祖の労苦を偲ぶということで、一汁一菜の質素な食事で過ごす。昔は「場員」という、家督を相続する成年男子が参加していた。現在では規則は変わり、松ヶ岡に住んでいれば「場員」になれる。「場員」になると酒井家の御屋敷に上がり、開墾場の綱領をいただく。綱領は本陣のなかにも掲げられていた。見せていただいたお殿様からいただいた綱領は、手帳のような形で、一人一冊配られる。開墾記念日にはこの綱領を全員で唱和する。

酒井家の御墓所掃除は大体七月の第一週の日曜日に行い、三つに分けた班の一つ（大体一七、八人）と松ヶ岡の役員が一緒となって二〇名ほどで掃除を行う。

一一月の中ごろには茅刈り、冬囲いを総出で行う。一二月の第一日曜日には山仕舞ということで、一年間の頑張りをねぎらう行事を行う。また、本陣堤で泳ぐ鯉は秋祭りの御馳走で、繭を取って役目を終えた蚕を餌として池に投げ込み育てている。

松ヶ岡では中学生になると、「少年会」に参加する。毎月夜、本陣に集まり論語の素読をする。一八八五（明治一八）年くらいから始まり、その後女の子の参加も認められるようになった。途中、ところどころ行われなかった時期もあり、とくに戦時中は全く行われず、戦後になって復活した。そして現在も、山田さんや清野さんが子どものころから変わらず、月一回のペースで集まっている。

松ヶ岡開墾場のなかにある蚕を祀った神社である蚕業稲荷神社の「神宿《とや》」にあたった組は、荘内大祭の大名行列に「藩主警護隊」として参加している。

これらの松ヶ岡の文化について、山田さんは「文化が最初からずっと続いていると思われるのは困る」とおっしゃっていた。「総出」という習慣は

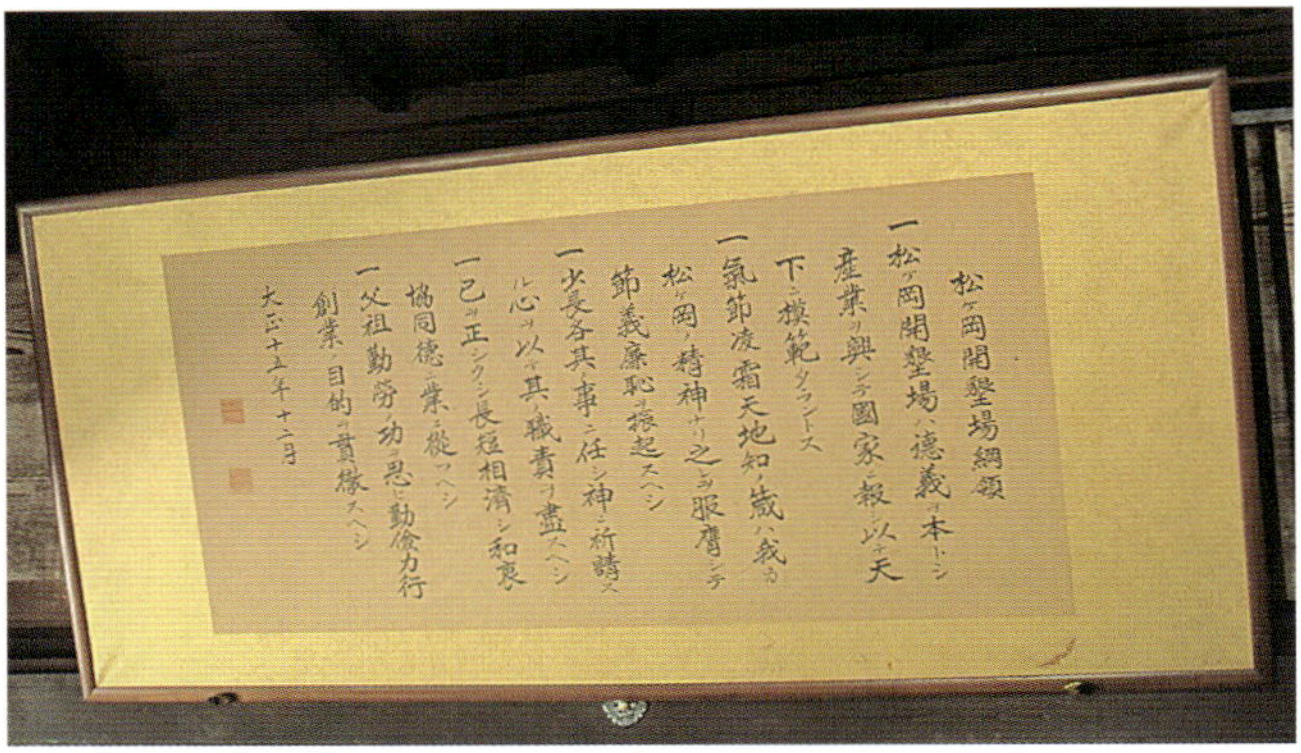

写真 12-29　本陣内に掲げられている松ヶ岡開墾場綱領

一八八七年（明治二〇年）から始まったもので、最初の「総出」で行ったのは桑の栽培だった。一時桑がダメになり、もう一度やり直そうとした時に「総出」という習慣が始まった。酒井家の御墓所掃除はそれからずっと後の昭和になってから始まり、開墾した当初から行っていたわけではない。山仕舞という行事は、この松ヶ岡開墾場を山として、山の仕事がおしまいになる、しまうから行った行事である。そもそも開墾した当時の人たちは、もともとはこの場所に長く住む気はなく、やがて徐々に定住し始め最終的には定着することになった。山田さんは次のようにおっしゃっていた。

写真 12-30　山田さん（右）にお話をうかがう

いいたいことは何かというと、松ヶ岡は進化形できているということです。昔のまま、ずっとそれをただ引きずっているというわけではなく、進化形できている。そういう意味からすれば、荘内大祭に参加していくというのは、やっぱり時代の流れに応じて変わってきていることなのです。

松ヶ岡開墾場を訪れ、そこに残る建物や周囲に広がる風景を見たときは、昔のままのものをただ純粋に大事にしてきたからこそ、今日まで残ってきたのだと思っていた。だから山田さんのことばを聞いて驚いた。今でも開墾当時を偲ぶ行事を行っていたり、ご先祖から受け継がれたものを大切にしている部分ももちろんあるが、一方で時代に合わせて変化を受け入れる部分、進化する部分もあるからこそ今の松ヶ岡開墾場がある。

七　松ヶ岡開墾場にまつわる子ども時代の思い出

お二人とも、蚕室の前にあった小さな広場で、子どものころにソフトボールをして遊んだ。清野さんは子どものころ、檜の根っこを引っこ抜いて大人に怒られたという苦い思い出があるそうだ。山田さんは、サツマイモを保管しておく芋穴のなかにこっそり入って遊んでいた。芋穴のなかで枝の先に松脂を詰めて火を付け、芋穴を探検して遊んでいた。飛び込み台を作り、池に飛び込んで遊んだこともあった。もっとも山田さんと清野さんは一〇歳離れており、子どものころの遊び体験にも少し世代の差がある。その後市民プールができ、芋穴には出入りできないようになった。遊び方も少しずつ変わっていった。

山田さんには今でも強く印象に残っている場所がある。それは、山田さんの家を西に出たところで、月山や蚕室が見える。その道を歩きながら、幼いころにそこでよく童謡を歌ったり、夕日や月を見たりした記憶が残っている。

松ヶ岡開墾場の背景には庄内藩や松ヶ岡の歴史があり、さらに起伏に富んだ地形がミックスされて、独特の風景を作り出している。山田さんにとってはこの風景が、松ヶ岡が好きだという気持ちの原点であり、原風景として今でも自分のなかに残っているからこそ、帰ってきてからもここでの生活を愛していける。

八　今も残る松ヶ岡の精神

最上氏の改易にあたり、酒井家がそれまでの領地である信州川中島から庄内に入ったのは、三代酒井忠勝公のときである。それから酒井家が庄内を治めるようになった。清野さんによれば、この酒井家の存在が独特の精神を生み出しているとのことだった。

> 最近思うのは日本海側であれば、食べ物が美味しいというのはどこも一緒ではないのかということです。では鶴岡は何が違うといったら、いわゆる殿様文化です。我々はお殿様をお殿様と呼んでいますので。それをきちんと伝えていくことももしかすると必要なのかな、というようなことは最近ちょっと思いますね。

この殿様文化は、松ヶ岡の開墾士とその子孫にあたる人びとに大きな影響を与えている。単なる昔からの伝統だけではなく、昔であればお殿様、現代であれば総長さんの人柄に支えられている部分が大きいとのことだ。折々の行事の際に、総長としてお見えになるお殿様に接する機会をもつことで、松ヶ岡の人びとはお殿様への思いや尊敬の念を次の世代へと自然と伝えてきた。松ヶ岡本陣は、そうしたものを受け継いできた場所ではないかと清野さんは思っている。

当時の開墾士たちは、士族であることの意識やプライドがあったからこそ、それらを支えに開墾を行うことができたのは確かである。だが清野さんには、おばあさんがそうした士族意識を嫌っていた記憶が残っている。山田さんも、今の松ヶ岡の住民にとってはいつまでも士族意識に縋るのは違うのではないか、と感じている。

先にも触れた松ヶ岡開墾場綱領は

一九二六（大正一五）年に制定された。開墾から六〇年ほどが経過してから綱領が作られたのは、開墾士たちの志や崇高な思いを再確認する必要があったからではないかと清野さんは考えている。綱領の第一条は、「松ヶ岡開墾場は徳義を本とし産業を興して国家に奉じ以て天下に模範たらんとす」となっている。清野さんは、「模範になる」といい切るのではなく、「模範になろう」と努力する意思を示したこの最初の一文を気に入っている。

九　松ヶ岡のこれから

鶴岡市では、歴史的な街並みを大切にする一環として、歴史的風致維持向上計画が立てられ、鶴岡の絹文化発祥の地としての松ヶ岡開墾場にもスポットがあてられるようになった。

それにともない、松ヶ岡でもその歴史を伝えるための取り組みが始まった。展示内容を説明できる人を養成しようということで、パネルを使った授業を行うのもそのひとつである。松ヶ岡開墾場の活用について住民の人たちと開いたワークショップでは、大きな方向性として「日本遺産」を目指そうという意見も出た。そうしたときに、いかに松ヶ岡らしさを見せていくか、見てもらうかということが議論となった。泊まりがけで松ヶ岡を訪れて、ゆっくりと見てもらったり、美味しいものを食べてもらったり、何があったら、どうしたら松ヶ岡に人がきてくれるのかについての話を深めた。

その際に、清野さんは改めて「松ヶ岡らしさ」とは何かということを考えさせられたという。史跡指定による制約がなければ、松ヶ岡を商業的に盛り上げるために、もっと好きなように蚕室を利用することもできたかもしれない。だが、そうした制約がなければ蚕室が蚕室でなくなってしまい、これらの建物は残らなかっただろうと清野さんは考えている。制約のなかでいかに「松ヶ岡らしさ」を生かしながら松ヶ岡開墾場という場所を活性化させていくのか。これまでの歴史と伝統を基盤としつつ、松ヶ岡開墾場はこれからも緩やかに進化していく。一見すると時間が止まったかのようでありながら、実は常に進化を続けている。「松ヶ岡らしさ」とは何か、という問いに対する答えはひとつではない。

写真 12-31　松ヶ岡の景観の変化を示すポスター

十　新たなステージへ

私たちが松ヶ岡で聞き取りを行ったのは二〇一五(平成二七)年の秋であった。その後、松ヶ岡開墾場は大きな変化を迎えることとなった。その経緯について、再び清野さん、山田さんにお話をうかがった。

まず、蚕室周辺の景観整備が行われ、二〇一六（平成二八）年八月までに大正期以降に建てられた建物が順次撤去され、明治初期の大蚕室創建当時の景観が再現された。私たちが養蚕の様子を見せていただいた旧おカイコ様の蔵も解体され、旧三番蚕室の一角が新たなおカイコ様の蔵となった。

そして同年九月一二日、天皇皇后両陛下は松ヶ岡を行幸啓になった。昭和天皇の行幸（一九四七（昭和二二）年八月一五日）以来のことである。今回の訪問は養蚕に造詣の深い皇后陛下の希望によるものだという。実は皇室と松ヶ岡開墾場の縁は深い。

山田さんがまとめられた「行幸啓と松ヶ岡開墾場」によれば、一八八一（明治一四）年には、明治天皇東北巡幸に際して、天皇がにわかにご病気のため、随行していた北白川宮能久親王が天皇の名代として差遣された（このときのご来場を記念した石碑が、一九三〇(昭和五）年九月に経塚山上に建てられた)。

一九四七（昭和二二）年の昭和天皇の行幸の際には、陛下から当時の酒井忠孝総長に「よくやっているということだが、なお一層増産に骨折ってもらいたいね」とのおことばがあったとのことだ（一九八九（平成元）年五月、奉迎場所の蚕室道路沿いに記念碑が建立され、碑には昭和天皇御製の歌が刻まれた)。

一九五〇（昭和二五）年には、大正天皇の皇后であった貞明皇太后が、大日本蚕糸会の総裁として松ヶ岡に行啓

写真 12-32　明治天皇御名代
北白川宮二品親王台臨處の碑

写真 12-33　昭和天皇行幸記念碑

写真 12-34　貞明皇后行啓碑

している（一九五二（昭和二七）年、二番蚕室の前のお手植えの桑のそばに貞明皇后行啓碑が建てられた）。最近では、二〇一七（平成二九）年八月に、三笠宮彬子女王が視察に訪れた。このように近代の皇室および皇族の人びとが多く松ヶ岡に足を運んでいる。

　明治天皇名代・北白川宮訪問以前には、一八七六（明治九）年六月に当時の内務卿大久保利通が、同年九月には太政大臣三条実美が相次いで松ヶ岡を訪問している。彼らは松ヶ岡を激賞したという。この時点で創業の基礎はほぼ固まり、一八八二（明治一五）年には、開墾士にも給料が支払われるようになった。そうしたなかでの明治天皇名代を含む一連の訪問は、開墾に従事した人びとにとって、自分たちの志が認められたと思える機会だったのではないか、と山田さんはおっしゃっていた。

　二〇一七（平成二九）年の行幸啓で天皇皇后両陛下は、旧庄内藩主酒井家第一八代目当主であり、松ヶ岡開墾場の総長でもある酒井忠久さんの案内に耳を傾け、蚕室の設備や蚕具を作る機械、さらには鶴岡市の絹文化の伝統保存への取り組みなどにご興味を示されたという。平日にもかかわらず、旗振り歓迎には一四〇人もの人が集まった。当初の想定をはるかに上回る人数だった。当日現場の対応にあたった清野さんにとっても格別な一日であったとのことだ。

　このとき、天皇陛下は「よく残していてくださいましたね」と酒井総長にお話しになったという。このことばの意味について、山田さんは「行幸啓と松ヶ岡開墾場」に次のように綴っている。

> このお言葉は、私には、よく守ってきてくださいましたね、という意味にも聞こえる。私たちは何を守ってきたのか。実は守ってきたものは建物だけではなかった。むしろ歯噛みして守り通してきたものがあって、それで初めて大蚕室群という、いわば開墾の象徴を守ってくることができたのではないか。

開墾場綱領劈頭の一文「徳義を本とし産業を興して国家に報じ以て天下に模範たらんとす」。

　山田さんは天皇陛下のおことばを、この志のもと、開墾に従事した人びと、そして綱領の実践に努めてきたその後

写真 12-35 「南洲翁臥牛翁　遺徳顕彰展示　西郷どんと菅はん」会場

の松ヶ岡の人びとへのいたわり、ねぎらいと捉えている。そうであればこそ、このおことばは「開墾の象徴を守り、残し続けてきたものが何であったのかを、改めてもう一度問い、その価値を探り、そしてそれに新たな生命を吹き込んでい」くという、未来への原動力になると考えている。

二〇一六（平成二八）年度に、それまで所有者が分かれていた松ヶ岡開墾場の蚕室の建物およびその土地は、鶴岡市が一括して所有することとなり、「鶴岡市歴史的風致維持向上計画」に基づき現在も史跡内及び周辺修景整備事業が進められている。

二〇一七（平成二九）年四月二八日には、鶴岡市が提案した「サムライゆかりのシルク　日本近代化の原風景に出会うまち鶴岡へ」というストーリーが「日本遺産」に認定され、松ヶ岡開墾場は「サムライシルク」の象徴的な存在となった。こうした動きによって、メディアの取材の機会も増えた。観光客の受け入れ体制の構築も急務になってきた。それらへの対応といったことも新たな課題になってきている。

そして二〇一八（平成三〇）年三月には、この年の大河ドラマ「西郷どん」に合わせて、旧二番蚕室を会場に「南洲翁臥牛翁　遺徳顕彰展示　西郷《さいごう》どんと菅《すげ》はん」が開催され、多くの見学者を

写真 12-36　天皇皇后両陛下行幸啓記念碑

集めた。さらに三月二七日には、天皇皇后両陛下の行幸啓記念碑も建立された。

一方で、これまで培ってきた地域のあゆみを大切にする取り組みも続けられている。復活したお茶づくりは年々収穫量も増えてきた。加えて蚕室の周りには桑畑も再現された。また、二〇一六（平成二八）年には、地域の伝統行事である「地口競争」（地口＝駄洒落や風刺画を書いた行灯をもって、灯を消さないようにしながら走る競争で、当地では日露戦争の戦捷祝いが起源と伝わる）を中心とした「じぐちあんどん夏まつり」というイベントを始めた。これは若い世代に地口の雰囲気を伝えることを目的としている。

このように、松ヶ岡開墾場への注目は、ますます高まっている。松ヶ岡のあゆみは、明治維新から一五〇年のときを経て、新たなステージへと進みつつある。それこそが、守り通してきたものを守りつつ進化し続ける、「松ヶ岡らしさ」といえるのかもしれない。

写真 12-37　再現された桑畑

写真 12-39　往時の松ヶ岡開墾場入口の門標

写真 12-38　松ヶ岡開墾場の入口の門標
1929（昭和４）年建立、場所は
1967（昭和 42）年に移動している

★

参考文献

・大瀬欽哉『鶴岡百年のあゆみ―続・城下町鶴岡―』鶴岡郷土史同好会、一九七三年。
・武山省三編著『凌霜史―松ケ岡開墾場百二十年のあゆみ―』松ヶ岡開墾場、一九九七年。
・鶴岡まちづくり塾・羽黒グループ編『刀を鍬にかえて―松ヶ岡かいこん物語り―』、二〇一五年。
・山形県近代和風建築総合調査委員会・社団法人山形県建築士会編『山形県の近代和風建築―山形県近代和風建築総合調査』山形県教育委員会、一九九八年。

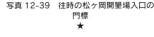

・山形県編『松ヶ岡の開墾―更生偉績―』山形県社会課、一九三四年。
・山口泰史「歴史を語る建物たち 松ヶ岡開墾場」『Future SIGHT』summer 2017 no. 77、フィデア総合研究所、二〇一七年（https://www.f-ric.co.jp/fs/201707/12-13.pdf）（最終閲覧二〇一八年九月一八日）。
・山田陽介「行幸啓と松ヶ岡開墾場」『松柏』第九一三号、二〇一六年。
・松ヶ岡開墾記念館ホームページ（http://www.chido.jp/matsugaoka/）（最終閲覧二〇一八年九月一八日）。

（二〇一五年調査、二〇一七年追加調査）

おわりに

私たちが二〇一五（平成二七）年の夏に鶴岡市での社会調査実習を開始してから、今年（二〇一八（平成三〇）年で四年目になります。長く鶴岡の街と関わってこられた方々からすれば、たった四年にすぎないのですが、そのわずかな時間の経過のなかでも、建物や街の大きな変化を実感しました。調査開始当時はまだ建設中だった鶴岡市文化会館（荘銀タクト鶴岡）や荘内銀行本店といった大きな建物が完成し、風景も変わりました。とりわけ大きな変貌を遂げたのが、松ヶ岡開墾場でした。最初の調査で訪れた際には、どこか雑然とした印象だった開墾場は、「鶴岡市歴史的風致維持向上計画」に基づく歴史まちづくり事業によって環境整備が進んでいます。

こうして鶴岡の街を眺めていると、現在という時期が、ひとつの大きな過渡期であるように思えてきます。それだけに、私たちはいつの時点の記述をすればよいのか、戸惑いを覚えると同時に、街のもつ生命力や鼓動のようなものを感じることができます。だからこそ、また鶴岡に足を運びたくなるのだと思います。それは継続的に調査をさせていただいているからに他なりません。鶴岡にうかがうたびに、お目にかかりたい方、もっとお話をうかがいたい方が増えていきます。そうした人のつながりの広がりと歩を一にして、調査の対象となる地域も広がっていきました。そして「鶴岡市歴史的風致維持向上計画」の範域を超えて、調査は現在も継続しています。

調査を実施するうえでは、これまでの調査内容・方法を基本的に踏襲しています。とはいえ、随所でうかがうお話は、私たちが事前に用意した質問項目の範囲をはるかに超えた魅力的なものばかりで、それらを記録することの楽しさを日々感じています。

前作に続き、本書の刊行にあたっても、多くの方々にご協力いただきました。調査にあたり、貴重なお時間を割いてくださいました、対象者の皆様には心よりお礼申し上げます。調査では、様々なお話を通して、鶴岡の歴史の魅力に触れることができました。また、私たちが作成した拙い原稿にもお目通しくださり、修正点などをご教示くださいました。本書は、対象者の皆様との共同作業によって作られたものです。

調査の実施に際しては、鶴岡市建設部都市計画課の皆様に大変お世話になりました。同課課長の早坂進様、佐藤守様、栗田甚吉様、後藤英記様、石黒正彬様、佐藤竹宏様（調査当時のご所属）には、調査の連絡調整だけでなく、聞き取り調査にも加わっていただき、多大なるサポートをいただきました。現在の都市計画課課長の岡部信宏様、大江山守様にも、本書のもとである調査報告書の書籍化にあたってのご理解と応援をいただきました。

また、本書のなかで紹介している数々の写真資料の利用にあたっては、鶴岡市郷土資料館の今野章様に引き続きご協力をいただきました。郷土資料館訪問時にいただく様々なご教示に支えていただくところ大でした。鶴岡市教育委員会社会教育課課長の鈴木晃様、佐藤繁義様、三浦巧様（調査当時のご所属）にも刊行資料からの写真利用をお許しいただくとともに、文化財に関する情報提供をいただきました。

調査開始からお世話になってきた鶴岡市役所および教育委員会の皆様のなかには、異動された方もおられますが、いただいたご厚誼を忘れることなく、これからも励んでいく所存です。この場を借りて厚くお礼申し上げます。どうもありがとうございました。

本書の出版の機会をくださった弘前大学出版会の皆様にも感謝いたします。編集長の足達薫先生、編集員、そしてスタッフの皆様からは、丁寧な原稿のチェックと、貴重なご助言をいただきました。前作に続いて担当編集員となっていただいた佐藤光輝先生には、内容から表紙のデザインに至るまで、本書の作成全般についてサポートをいただき、心より感謝いたします。

二〇一八（平成三〇）年九月

高瀬　雅弘

髙瀬　雅弘

弘前大学教育学部教授

1973年東京都生まれ。専門は地域社会学・オーラルヒストリー。

主な著書に『人と建物がつむぐ街の記憶 ―山形県鶴岡市を訪ねて (1) ―』（編著、弘前大学出版会、2017年）、『山田野―陸軍演習場・演習廠舎と跡地の100年―』（編著、弘前大学出版会、2014年、第6回弘前大学出版会賞受賞）、『近代日本の人間形成と学校―その系譜をたどる―』（共著、クレス出版、2013年）などがある。

人と建物がひらく街の記憶

—山形県鶴岡市を訪ねて（2）—

2019年３月28日　初版第１刷発行

編著者　髙瀬　雅弘（たかせ まさひろ）

装丁者　弘前大学教育学部　佐藤光輝研究室
　　　　宮本　ふみ

発行所　弘前大学出版会
〒036-8560　青森県弘前市文京町１
Tel. 0172-39-3168　fax. 0172-39-3171

印刷・製本　小野印刷所

ISBN 978-4-907192-71-6